我国上市公司盈余管理与公司治理研究

刘 磊 著

中国财政经济出版社

图书在版编目（CIP）数据

我国上市公司盈余管理与公司治理研究／刘磊著．—北京：中国财政经济出版社，2015.1

ISBN 978－7－5095－5448－7

Ⅰ．①我…　Ⅱ．①刘…　Ⅲ．①上市公司－企业利润－研究－中国 ②上市公司－企业管理－研究－中国　Ⅳ．①F279.246

中国版本图书馆 CIP 数据核字（2014）第 113836 号

责任编辑：卢关平　　　　责任校对：黄亚青

封面设计：孙俪铭　　　　版式设计：董生萍

中国财政经济出版社 出版

URL：http：//ckfz.cfeph.cn

E－mail：ckfz@cfeph.cn

社址：北京市海淀区阜成路甲 28 号　邮政编码：100142

发行处电话：010－88190406　财经书店电话：010－64033436　84041336

固安华明印业有限公司印刷

880×1230 毫米　32 开　8.375 印张　208 000 字

2015 年 1 月第 1 版　2015 年 1 月北京第 1 次印刷

定价：22.00 元

ISBN 978－7－5095－5448－7/F·4403

（图书出现印装问题，本社负责调换）

本社质量投诉电话：010－88190744

打击盗版举报热线：010－88190492、QQ：634579818

目录

CONTENTS

第一章

绪　论

第二章

盈余管理与公司治理的基本理论分析

第五章

上市公司董事会与盈余管理

第六章

基于“隧道行为”的盈余管理与盈余信息含量

第七章

上市公司盈余管理的市场反应

第八章 会计准则变迁与上市公司盈余管理博弈分析

第一章
绪　论

1.1
本书的研究背景

近年来，我国证券市场得到了迅速发展，成为社会资源配置和企业融资的重要渠道，但由于我国证券市场发展的时间较短，各方面相关制度法规还不能有效地阻止股票市场上所发生的一些不合理行为。由于盈余信息在会计信息系统中处于核心地位，随着会计盈余重要性的提高，进行盈余管理的公司数量越来越多，暴露出的问题也越来越严重。我国上市公司在上市、增发配股和扭亏过程中存在普遍的盈余管理行为，上市公司大量的盈余管理行为在一定程度上加大了我国证券市场的信息不对称，妨碍了证券市场的有效运行。我国证券市场上接连发生的一系列会计信息失真事件引发了我们对上市公司盈余管理问题的重视与思考。

盈余管理是企业管理者在不违反会计准则的前提下有目的地采取多种手段达到期望报告盈余的行为。一般认为盈余管理有正负两方面的作用，一方面，通过盈余管理可以将管理者拥有的内部信息尽快地传达给投资者，在一定程度上影响公司的价值和资本成本，并且能够减少由于沟通障碍所造成的信息滞后，但是，这些正面效应的盈余管理必须以管理者不刻意损害相关利益集团的利益为前提。另一方面，盈余管理减少了公司财务信息的可靠性，增加了公司管理人员人为操作、虚增利润的可能性，在短期内或使公司的年度收益与现金流量严重背离，不利于公司的经营决策；过度的盈余管理会使债权人和投资者对于公司业绩失去信心，有时甚至隐藏公司的真实财务状况和经营成果，造成会计信息失真，严重影响资源的优化配置。

从 20 世纪 80 年代开始，西方财务理论界致力于盈余管理的研究，认为现代会计报告系统中公认会计准则还存在一些局限性，留有许多盈余管理的机会。美国证券交易委员会（SEC）前主席 Arther Levitt 于 1998 年在纽约大学发表题为“数字游戏”的演讲中猛烈批评某些低质量的会计准则，认为权责发生制下的计提和摊销等都很容易作为盈余管理的手段而威胁财务报告的可靠性，表达了他对盈余管理以及对资源配置影响的忧虑。此外，Leuz，Nanda 和 wysoeki（2003）发现，盈余管理是大股东侵害中小股东的重要手段；Jensen（1993）认为，保持董事会的较小规模有助于提高他们的业绩。Watts 和 zilnlnerman（1990）分别研究了公司内部治理各主要因素对盈余管理的影响。Liu 和 Lu（2002）的研究证明，在中国股票市场上，控股股东通过盈余管理掠夺小股东。

由此可见，盈余管理不仅仅是会计行为，也是一种管理行为。盈余管理的对象是会计数据，而会计数据来源于会计信息系统，但是会计信息系统并不是孤立的。会计信息系统一方面是联系公司治理系统和公司管理系统的纽带，是公司治理系统和管理系统得以正常运转的基础；另一方面，会计信息系统的完善及其作用的发挥也离不开公司治理对其的引导和控制。两者之间形成相互影响、相互制约的关系。因此，研究盈余管理应该站在公司治理的高度，找出导致公司盈余管理行为产生的内在原因。

公司治理是指公司股东通过构建对经理人的激励和监督机制，着重解决二者之间委托代理问题而形成的、以比较完善的市场运作机制和内部控制机制为基础的一整套制度安排。公司治理结构对上市公司盈余管理的影响成为许多研究者关注的热点，对盈余管理与公司治理结构的研究成果证明：虽然并非所有的上市公司都有主动的盈余管理行为，但是，上市公司总体上不同程度地存在着自觉或不自觉的盈余管理行为。公司经理们为了获得职位安全和丰厚的报酬，必然会利用其实际控制优势，适时采用盈余管理政策，在合法的范围内选择有利于提高报告盈利水平和有利于刺激公司股票交易价格上扬的会计对策，以达到自身利益的最大化。基于各种动机，盈余管理已成为上市公司管理层的重要行为特征，有其深刻的经济动因和现实因素。通过对公司治理结构的研究，能够对盈余管理有更深的理解。把公司治理结构的各个因素分解，确定这些因素与盈余管理的相关性程度，从而更好地提出解决盈余管理的对策，保护投资者的利益。

由于公司治理情况是影响盈余管理的一个重要因素，在公司治理不完善的情况下，盈余管理成为大股东或管理层掠夺企业财富、损害中小股东利益的常用手段。公司治理结构分为内部治理结构和外部治理结构，一定的公司外部治理环境和内部治理结构会影响到管理者和股东以及大股东与中小股东之间的代理问题大小和方式。大股东和管理者为了获取配股资格、避免退市等，进而达到掏空公司、侵占中小股东利益的目的，首先需要满足监管者的监管要求。只有这样才能保证上市公司的上市或者再融资资格，或者确保其他目标顺利实施，这样比较有效的方式就是采取盈余管理行为。如果公司内外部治理结构完善，股权结构合理，就会很好地对代理人进行激励与约束，从而使代理人（经理人员）和委托人的利益趋于一致，或者对大股东的代理问题形成较好的限制，则可以减少盈余管理发生的概率，也就是说公司内外部治理结构对公司盈余管理行为的程度和方式会产生一定程度的限制；相反如果公司内外部治理结构相对较差，不能很好地制约代理问题，就会加大盈余管理发生的概率。

在我国经济体制转轨过程中，政府管制渗透于资本市场发展的整个过程，从公司的上市、退市以及上市后的再融资，监管部门采取了许多严格的措施来保证政策的实施，其中最为硬性的就是关于企业业绩水平的要求。在我国，盈余管理现象的产生与我国特殊的制度背景有很大关系。针对这些问题，政府不断出台完善上市公司治理结构的政策法规，2001 年 8 月制订了《独立董事制度指导意见》、2001 年 11 月制订了《中国公司治理原则》、2002 年 1 月制订了《中国上市公司治理准则》，这些政策法规的出台有利于营造规范的盈余管理内外部约束机制。我国各种公司治理法规的出台旨在完善上市公司的内外部治理结构，保护中小投资者利益，为上市公司的良好经营营造规范的内外部环境。目前国内的研究主要是从理论探讨这个角度来研究盈余管理与公司治理，国外的研究已经从理论研究向实证分析过渡，而且也取得了很好的效果。而国内关于二者的实证研究比较少，因此本书以我国上市公司盈余管理与公司治理的内在关系作为研究主题，对盈余管理与公司治理之间关系进行实证研究。

1.2 选题的目的和意义

从我国上市公司的盈余管理典型案例和美国系列财务舞弊案例中，可以发现公司治理的缺陷对盈余管理存在较大的影响。管理当局为了谋求自身利益的最大化和上市公司市场价值的最大化，往往对公司进行大量的盈余管理。一方面，公司治理与企业会计行为的关系非常密切，主导企业会计行为的高级管理层（包括董事会、公司经理人员）的结构安排不当是企业会计信息失真的重要原因之一；另一方面，独立董事制度作为公司治理结构中的重要组成部分，在现代企业发展中发挥着越来越大的作用，他们有助于改善公司内部制衡机制，起到保护股东财富的作用。从实践上看，在不合理的公司治理结构中，企业高层管理者在企业会计行为中处于“事实主体”的地位，具有企业会计政策选择与会计信息生成的控制权，企业的盈余管理乃至会计舞弊几乎都与他们的授意、指使或强令有关。前几年，我国证券市场曾屡屡上演的诸如“郑百文”、

"银广夏"造假等一系列违规事件，无一不是这些公司中的董事会成员与经理人员一起作为内部人进行控制的结果。

我国的市场经济是从计划经济体制下发展而来，上市公司外部治理结构中的资本市场、经理市场和债务市场发育还不成熟，而且存在着许多弊端，大大弱化了外部治理结构对盈余管理的约束力度。具体来说，从公司内部治理结构来看，上市公司大多数由国有企业改制而成，国有股一股独大，股权结构非常复杂。国有股"一股独大"的股权结构使得代理问题在多层次上产生，多层次的委托代理关系使得掌握国有股控制权的代理人对经理层的控制作用未能发挥到实处，进而导致盈余管理行为出现。此外，很多上市公司董事会不完善，监督失效。一些上市公司董事会都由管理层所控制，董事会缺乏独立性，独立董事对管理层的监督作用很小，一些上市公司董事会实际上成为管理层进行盈余管理操纵的工具。所以，无论是公司外部治理结构还是内部治理结构都给盈余管理手段的运用提供了空间。

本书在全面分析我国上市公司的盈余管理行为和公司治理关系的基础上，选取我国上市公司的财务数据，对国际上研究盈余管理的主要模型进行实证检验，并根据我国上市公司盈余管理的特点建立适合我国上市公司的盈余管理量度模型。然后从不同角度分别考察盈余管理与股权结构、董事会特征之间的关系，并从控股股东的隧道行为角度研究公司治理与盈余管理和盈余信息含量的关系，希望能为我国改善上市公司治理结构，保护投资者利益，规范上市公司的会计行为、提高盈余信息含量和规范我国证券市场的健康发展的改革思路方面提供实证依据。

由于滥用盈余管理，使得质量低下、缺乏竞争能力的上市公司与真正业绩优良的上市公司优劣难辨，严重误导了投资者和其他会计信息使用者的决策，损害了广大中小投资者的利益。从长远来看，也使得资本市场资源配置难以优化，严重危害了资本市场的健康有序发展。从而，盈余管理的负面作用已远远大于它的正面作用，其危害性越来越大。因此，研究盈余管理与公司治理的关系对构建科学合理的公司治理结构，促进资本市场健康发展具有重要的理论意义和现实意义。

1.3 研究方法和主要研究内容

1.3.1 研究方法

本书旨在围绕我国上市公司这些特殊的背景情况、重要特征基础展开盈余管理与公司治理关系问题的研究，在对国内外有关盈余管理与公司治理问题进行综述和理论分析的基础上，借鉴国外有关盈余管理测度模型，提出适合我国盈余管理程度的实证模型，然后从实证角度来衡量盈余管理与公司治理结构的关系，同时辅以系统的规范研究。在实证分析中，采用面板数据模型，对理论分析得到的假设进行实证检验，如果假设能够被经验所证明，就是科学的、正确的结论。

1.3.2 主要研究内容

本书的研究主题是我国上市公司的盈余管理与公司治理的关系，因此，本书的理论分析和实证研究将始终围绕该主题进行。以我国上市公司治理结构的主要特征对盈余管理及盈余信息含量的影响为研究的切入点，本书的实证研究分为以下四个方面：

（1）适合我国盈余管理量度的实证模型；

（2）股权结构与盈余管理；

（3）董事会特征与盈余管理；

（4）公司治理与盈余信息含量。

在本书的结构安排上，全书共分 9 章，各章的主要内容如下：

第一章为绪论。简要介绍了本书的研究背景、研究方法、主要研究内容以及主要创新点。

第二章是盈余管理与公司治理的基本理论分析。本章分析了盈余管理的概念、内涵及盈余管理与公司治理的理论基础，并结合我国上市公司的特殊情况，分析了我国公司治理对盈余管理的影响，对我国上市公司盈余管理与公司治理的关系予以全貌式的分析研究。

第三章为盈余管理计量方法的实证研究，在借鉴国外盈余管理量度方法的基础上，结合我国上市公司盈余管理的特点，提出新的盈余管理量度模型。实证结果表明，新模型 4 既考虑了我国上市公司盈余管理的实际情况，模型拟合程度也比较好，因此在第四、五、六章的实证研究中拟选用新模型 4 进行分析。

第四章是上市公司股权结构与盈余管理。本章的研究主要是围绕股权集中度、股权组成成分和股权的流动性与盈余管理的关系进行的。在进行实证研究之前，首先对我国上市公司股权结构的概况和主要特征以及与盈余管理的关系进行理论分析，在此基础上提出研究假设并予以实证检验，最后得出本章结论。

第五章是上市公司董事会与盈余管理。本章在对董事会与盈余管理的关系进行理论分析和作国内外实证研究文献回顾的基础上，重点从规模特征、独立性特征、行为特征和激励特征这四个方面提出董事会特征与盈余管理关系的研究假设，然后进行实证分析，对假设进行检验。第六章是基于“隧道行为”的盈余管理与盈余信息含量。第六章的研究从“隧道行为”角度出发，将我国上市公司独特的公司治理特征与上市公司的盈余管理和盈余信息含量结合起来分析，并提出研究假设，重点在于考察公司治理对盈余管理和盈余信息含量的影响，证实提出的假设。

第七章是上市公司盈余管理的市场反应。研究了盈余管理市场反应的测度等。

第八章为会计准则变迁与上市公司盈余管理博弈分析。本章回顾了我国会计准则变迁的历史阶段，做了盈余管理与会计准则互动关系的理论分析等。

第九章是本书的总结与展望。本章对全书的主要结论进行总结，在得出主要研究结论的基础上，提出规范我国上市公司治理机制、提高盈余信息含量的建议，并对进一步的研究提出展望。

1.4 本书的主要创新点

本书对我国上市公司的盈余管理与公司治理的关系进行了探索，从股权结构与盈余管理、董事会特征与盈余管理以及公司治理与盈余信息含量等方面深入研究了二者之间的关系，主要创新点如下：

（1）通过对我国上市公司盈余管理手段的分析，发现国际上研究盈余管理的主要实证模型——琼斯（Jones）模型和修正的Jones模型在研究我国证券市场盈余管理时存在不足，因此对修正的Jones模型进行再修正，在新模型中加入了期间费用和线下项目，提出了一个新的量度盈余管理程度的应计利润模型。该模型达到了国际上的总体应计利润模型拟合程度的同类水平，并且在该模型下，本书可以同时选取TA和CA作为应计利润指标研究我国的盈余管理问题。

（2）在研究方法方面，本书在实证研究上主要采用非平衡面板数据模型。国内对盈余管理的实证研究基本上采用横截面模型或对具体应计项目的研究采用时间序列模型，极少采用面板数据模型的文献也都采用的是混合数据模型或平衡数据模型。由于我国股票市场历史较短，采用横截面模型和时间序列模型不能充分利用数据信息，而采用混合数据模型忽略了截面个体间的差异，采用平衡面板数据虽然综合考虑了截面和时间序列所包含的信息，但却大大减少了样本的数量。考虑到我国证券市场发展速度，A股市场扩容速度很快，而且同时也会有部分资质不合格的上市公司被强制退市，若采用平衡面板数据模型，则选取研究样本的数量和时间范围必然受到很大的限制，因此选取非平衡面板数据模型进行研究。与时间序列模型和横截面模型相比，采用非平衡面板数据模型不仅可以减少多重共线性的产生，而且能够增强模型对现实的解释力。

（3）本书从控股股东的“隧道行为”角度解释了上市公司的盈余管理活动。国内学者对盈余管理的实证研究基本停留在研究盈余管理是否发生，发生的目的、时间、频率和动机以及应对措施等方面，鲜有文献从“隧道行为”角度研究盈余管理与公司治理之间的关系。本书研究了我国独特的公司治理结构下上市公司盈余管理的主要动机与公司治理的关系，并且在此基础上进一步研究了盈余信息含量问题，对现有盈余管理的研究是一个补充。

第二章

盈余管理与公司治理的基本理论分析

2.1 盈余管理的概念

2.1.1 盈余管理的定义

盈余管理是一个有近二十年历史的研究课题，尽管盈余管理受重视的程度与日俱增，但目前学术界对盈余管理的定义并不统一。在国外文献中，主要有以下三个被普遍引用的具有代表性的定义。

斯考特（William K. Scott，2000）认为，盈余管理是指在GAAP允许的范围内，通过会计政策选择使经理人自身利益或公司市场价值达到最大化的行为。他认为，只要企业的管理人员有选择不同会计政策的自由，他们必定会选择使其效用最大化或使企业的市场价值最大化的会计政策，这就是所谓的盈余管理。这里盈余管理被看成是会计政策的选择具有经济后果的一种具体表现。

凯瑟琳·雪珀（Kathehne Schipper，1989）认为，盈余管理是企业管理当局通过有目的地控制对外财务报告过程，为获取一定的私人利益，或迫于相关利益集团对其盈余预期的压力，在对外进行披露时，有意对财务报告进行控制的过程。他认为，立足于会计数字是一种有用的经济信息，盈余管理不仅包括对损益表中盈余数字的控制，还包括对资产负债表以及财务报告中其他辅助信息的控制，因此盈余管理是一种“披露管理”。

希利和沃伦（Healy and Wahlen，1999）认为，盈余管理发生在管理当局运用职业判断编制财务报告和通过规划交易以变更财务报告时，旨在误导那些以公司的经济业绩为判断或选择基础的利益关系人的决策或影响那些基于会计报告数字的契约的后果。

上述三个定义均着眼于财务报告过程中的盈余管理行为，但第一个定义是狭义的，将盈余管理限定在公认会计原则的约束范围内，采取的方法仅限于会计政策选择；第二个定义指出，盈余管理可以出现于对外披露过程的任何部分，可以采取多种形式，但在这一定义中，那些纯粹为了提高企业价值的投资和生产决策与仅仅为了管理盈余而采取的“真实”盈余管理很难分清；第三个定义也是广义的，将改变企业投资的时间安排和规范交易也包括在盈余管理的范围内，并突出了盈余管理的动机问题，但在这个定义中，盈余管理与财务舞弊概念基本接近。

我国国内对盈余管理的定义也同样存在分歧。陆建桥（1999）将盈余管理定义为“企业管理人员在会计准则允许的范围内，为了实现自身效用的最大化和（或）企业价值的最大化做出的会计选择”；而章永奎、刘峰（2002）则认为盈余管理是“上市公司为特定目的而对盈利进行操纵的行为”，并特别指明“盈余管理并非限制在公认会计准则或会计方法内”。

从以上定义可以看出，目前对盈余管理的定义主要存在两个分歧：一是盈余管理是否是在会计准则允许的范围内进行的；二是盈余管理的手段是否包括非会计方法，如时间的安排和交易的构建等。

本书将盈余管理的定义限定在会计准则允许的范围内，并认为这是盈余管理不同于会计造假的关键。本书将盈余管理定义为：盈余管理是企业管理者在不违反会计准则的前提下有目的地采取多种手段达到期望报告盈余的行为。从表面上看盈余管理具有一定的合法性，但是，当上市公司有意对其会计处理方法进行调整时往往会使得公司的盈余信息披露质量低下，影响投资者的判断，诱导投资者做出错误的决策。这在一定程度上会造成上市公司在进行会计信息披露时背离中立性原则，不仅损害了报表使用者利益，而且会导致资源的有偏配置。因此，本书认为盈余管理非合理性的一面可以用盈余操纵来解释。

基于以上定义，盈余管理应该具有下列基本特征：（1）盈余管理的主体是企业的管理者。企业管理者作为企业信息的加工者和披露者，有权选择会计政策和方法，有权变更会计估计，有权安排交易发生的时间和方式，信息不对称和信息披露不完全为他们进行盈余管理提供了前提条件。（2）盈余管理的客体是企业对外报告的盈余信息（即会计收益），如利润、净利润等。虽然时间的选择也是盈余管理的对象之一，但盈余管理的最终对象还是会计数据本身。（3）管理者的动机是定义盈余管理的关键，即盈余管理是企业管理者的一种有目的的行为。在盈余管理过程中，企业管理者有目的地选择对自身有利的会计政策或交易安排，从而导致一些利益相关者对企业的经济收益产生误解，以期最终实现自身利益最大化。

2.1.2　盈余管理的内涵

1. 盈余管理的经济收益观

传统上，人们认为盈余管理是与经济收益（有时也叫真实收益）有关的一个概念。在经济收益观下，有一些数据（如经济收益）被盈余管理故意歪曲了。经济收益之所以会被歪曲成为会计的报告收益，除了盈余管理外，另一个影响因素是应计制会计和公认会计原则。应计制会计和公认会计原则也将导致会计数据与真实收益有偏差。当然，经济收益只有在一定的条件下才能有意义地加以定义，在现实的报告系统中是见不到的。一般说来，经济收益是看不见的。即使如此，在经济收益观下，人们还是要把看不见的真实收益作为衡量偏差的基准（魏明海，2000）。美国会计学者 Scott 从经济收益观的角度，在其名著《财务会计理论》（Financial Accounting Theory）一书中指出，盈余管理是会计政策的选择具有经济后果的一种具体体现。他认为只要企业的管理人员有选择不同会计政策的自由，他们必定会选择使其效用最大化或使企业市场价值最大化的会计政策，这就称为盈余管理。在这种观点下，盈余管理被企业管理者用作对会计盈余的最终控制，其目的是得到令管理者满意的财务会计成果。

2. 盈余管理的信息观

在信息观下，盈利仅仅是许多用作决策和判断的信号中的一个。信息观意味着会计数据的重要属性是其“信息含量”（information content）这一统计特性。盈余管理的信息观还假定公司经理拥有私人信息。在一套既定的委托代理契约下，公司经理不仅可以就会计程序做出选择，而且还可以据此程序做出不同的估计。但在信息观下，数据的真实价值不是第一位的属性（魏明海，2000）。基于信息观，Schipper（1989）将盈余管理视作是一种“披露管理”，认为盈余管理是管理者为了获得某种私人利益，对外部财务报告过程进行有目的的干预和歪曲控制。Healy & Wahlen（1990）也赞成此观点，并对盈余管理做出如下解释：当管理者在编制财务报告和构建经济交易时，运用判断改变财务报告，从而误导一些利益相关者对公司根本经济收益的理解，或者影响根据报告中会计数据形成的契约结果，盈余管理就产生了。

作者认为，两种观点都有其合理性且有不同的适应环境。首先，两种观点都清楚地界定了盈余管理的主体是企业管理者。其次，两种观点都认为盈余管理目的是获得某种私人利益，而其客体是公认会计准则、会计方法及估计，最后的结果是导致利益相关者对会计信息的误解。两种观点的差异在于不同环境下其重要性不同，在发达资本市场环境下的盈余管理，人们考虑会计数据的信息含量和信号作用就会多一些，其信息观的重要地位也更加明显些；反之，在资本市场不发达的市场环境下，人们则容易拘泥于会计报告收益与经济收益或其他法规决定的收益之间的偏差，其“经济收益观”的地位相应更为突出。

2.1.3　上市公司盈余管理的影响分析

1. 盈余管理的正面影响

盈余管理现象是客观存在的，对上市公司的生存发展具有一定的作用。通过盈余管理可以将管理者拥有的内部信息尽快地传达给投资者，减少甚至消除沟通上的障碍所造成的信息滞后，也能给予上市公司面对不可预见的情况的弹性。从契约角度看，盈余管理相对平缓了债务契约条款的易变性（许波，2004）；从有效资本市场角度看，盈余管理是管理者把公司内部信息传递给市场的一个途径，并在一定程度上影响公司的价值和资本成本；从财务报告角度看，由于代理人与当事人之间存在沟通限制，董事会往往允许留有一个合理程度的盈余管理来把受限制的内部管理信息传递给投资者和外部市场，以减少或消除沟通限制；盈余管理还能增强公司应付国外竞争压力的能力。这些正面效应的盈余管理必须以管理者不刻意损害相关利益集团的利益为前提。

2. 盈余管理的负面影响

从另外一个方面看，盈余管理如果离开了基本前提，就会变成过度的机会主义行为，因为盈余管理减少了公司财务信息的可靠性，增加了公司管理人员人为操作、虚增利润的可能性。具体包括：首先，盈余管理在短期内将使公司的年度收益与现金流量严重背离，不利于公司的经营决策；其次，盈余管理还会影响到会计信息的真实性和相关性，缺乏真实性和相关性的会计信息就很难对信息使用者产生很大的参考价值。过度的盈余管理会使债权人和投资者对于公司业绩失去信心，有时甚至隐藏公司的真实财务状况和经营成果，造成会计信息失真，给相关决策制定者带来错误的信息，严重影响资源的优化配置。

2.1.4 盈余管理与盈余操纵

“盈余操纵”（earnings manipulation）是国内广泛使用的一个概念。孙铮、王跃堂（1999）认为，盈余操纵是“上市公司违反会计管制的违法行为”；顾兆峰（2000）则认为，“盈余操纵是以对外公布的会计信息为媒介，通过采取合法或不合法的手段，对披露的利润信息进行事前有意的加工、处理以得到期望的报告利润，借此实现或达到行为主体的预定目的”。从盈余管理与盈余操纵的关系看，两者既不完全排斥，也不互相包含。盈余操纵是指采用不正当手段调节会计信息的行为。“不正当”包括两层涵义：不合法和不道德。如果盈余管理的目的是获取私人利益，则其行为也未必合乎道德，因此两者并非完全排斥。然而，盈余管理虽有私人目的，有时又可以使会计报表使用者受益或对资本市场有所贡献，例如，管理层通过选用不同的会计政策或会计估计，使得企业将最符合公司发展状况的信息传递给信息使用者，从而有利于企业正常经营和整个资本市场的信息流动，增大社会效益，因此两者也不是包含关系。

在现有的国内外研究中，关于盈余管理与盈余操纵之间的联系与区别存在着较多的争议，无论在理论上还是在实务上很难对二者进行清晰的界定。一些学者（帅兰明，2006；张惠玲，2004 等）认为，盈余管理的内涵较为丰富，它泛指对公司盈余进行粉饰的行为，而不管其目的是为了个人价值最大化还是公司价值最大化。但对盈余操纵，一般认为其目的是为了满足企业管理当局个人价值最大化，利用对会计政策的选择或虚构交易事项等手段对会计盈余进行操纵。因此，界定二者的最主要的理论依据就是其目的不同。盈余操纵应该是作为盈余管理的一个子项，是一种特殊的盈余管理。盈余管理的外延应该包含盈余操纵。但另有学者（王忠杰，2003；李金泉，2003 等）认为，盈余管理就是指企业管理当局通过操纵盈余信息，使自己的管理业绩满足基于盈余数据的各种契约约束，从而达到自身价值最大化的目的。因此，从这些学者的观点来看，盈余管理等同于盈余操纵。而从会计实务的角度来看，依靠现有理论很难清晰地界定二者的区别。因为，当一个企业的会计盈余并未反映企业真实的收益时，其原因是多方面的，既有管理当局主观上的原因，也有会计核算过多依赖估计、判断等方面的原因，同时还有政府监管及资本市场有效性的原因。所以，无论是在西方还是在中国都存在着盈余管理或盈余操纵问题，但基于不同的交易环境，二者的界限也存在着差别。在发达的市场经济国家，由于政府监管手段相对较为成熟，且资本市场有效性较强，各种市场主体受到内外部的约束较多，使得这种盈余操纵行为一经产生就可能被识破并披露出去，从一定程度上抑制了盈余操纵的行为。

从现实情况来看，目前我国尚处于市场经济初期，各种监管措施还不到位，市场对资源配置的基础性功能也未达到发达国家的水平，尤其是证券市场的有效性不强，证券市场的各种监管措施还很薄弱，上市公司的内外部治理机制尚不健全，证券市场的主要参与者——上市公司大多会对会计盈余肆意粉饰以达到回避监管，欺骗广大中小股东进而获得自身效用最大化的目的。由于盈余管理和盈余操纵的目的非常相似，加之上市公司滥用盈余管理，导致其负面作用远远大于正面作用。事实上，盈余管理和盈余操纵是完全不同的概念，将它们加以区分非常必要。因此，基于我国特殊的证券交易环境，过多地强调盈余管理的正面作用并过度强调二者区别，可能会对证券市场监管者制定相关政策以抑制盈余操纵产生消极影响。基于以上分析，本书认为，盈余管理有正面和负面两方面的作用，其负面作用等同于盈余操纵，盈余操纵是盈余管理的一个子集。

2.2
盈余管理的理论基础

盈余管理作为一种异化的会计行为广泛存在于现代市场经济环境中，反映出其必有复杂的理论根源。盈余管理既同现代企业的契约制度有关，也与契约有关方之间的信息不对称有关。为此，本节将从契约理论与信息不对称理论两个方面对盈余管理现象进行经济学解释。

2.2.1　契约理论

契约理论是20世纪30年代以来形成的一种主流企业理论。契约理论认为，企业是“一系列合约的联结”。在契约理论的研究中，委托代理理论是最为显著和最具影响的理论成果。在现代经济学中，委托代理关系被视为一种契约。委托代理理论所涉及的是现代企业制度中契约各方中最为重要的两方：委托人—股东和受托人—管理者。现代企业结构最为明显的特征是经营权与所有权的分离，股东将其资产委托给专业的管理者，由管理者利用自身的专业水平通过努力经营保证股东资产的保值与增值。为保证双方的权利与义务的对等，二者往往会订立标准的薪酬契约，事前规范双方的行为。但是，由于受托人没有剩余索取权，其努力获得收益与付出的成本往往存在着不对称，这就使得受托人会追求与契约不一致的经营目标，由此导致委托人与受托人目标不一致。这种不一致一方面造成契约摩擦，另一方面经理人利用其对信息的占有可能对外披露有利于其利益最大化的会计信息。而这两方面又导致代理成本增加进而损害企业价值和股东利益。当代理成本过高以及委托人过于分散时，委托人就会缺少监督的动力从而放弃监督，由此又形成企业的“内部人控制”问题。“内部人控制”与盈余管理存在着必然的联系，缺少监督与权力制约的内部人利用对会计人员的选聘权间接操纵会计信息特别是盈余信息，以获得超过契约报酬收益的控制权收益。正如瓦茨和齐默尔曼所指出的那样：“只要存在契约与监督成本，管理人员对会计操纵就不可避免。”

在订立这一系列的契约中，会计信息是最为重要的媒介。

因为会计信息既是订立契约前的基础，还是契约各方是否履行契约的重要参考依据。投资者在确定是否投资某一项资产之前，必须要预测该资产的未来营利性及风险性，而这又依赖于该资产的历史信息，特别是会计盈余信息是管理人员投资决策的基础（于李胜，2006）。投资后，投资者还要关注该资产盈利水平，以确定自己的投资是否获得保值增值。债权人通过对会计盈余信息的分析，以决定是否给债务人提供信用。在提供信贷资金后，还要时刻关注该企业的盈利状况，以评价所贷资金的风险状况。但是，契约各方所订立的契约之间存在着利益冲突。例如，作为企业最为重要的两个契约方——股东与债权人之间所关注的企业运行指标就不同，股东作为剩余索取者主要考虑的是能从经营成果中分得多少红利，而这会削弱企业偿还本金及利息的能力，因此作为债权人会强烈地反对企业与股东的分红契约。与此同时，契约的签订方之间也存在着各种的冲突，如股东与管理者之间的冲突。冲突各方为了保证自己在履行契约中获得利益，在契约订立的既定前提下，契约的"刚性"使得冲突方只能通过调整与契约相关的会计信息来获得自身效用的最大化，由此形成对盈余管理的契约动机。会计信息的一个重要作用就是衡量经理人的业绩，解除经理人的受托经济责任。在现代股份公司中，股东和管理人员之间构成了一种委托代理关系，为了激励和督促管理人员更好地服务于企业价值最大化的目标，大部分上市公司都建立起了对管理人员的激励机制。这种激励和考核机制，也都是建立在利润目标的考核上。因此，作为企业生产经营的直接执行者和参与者的管理人员，出于利益的驱使，必然会利用手中的权力以及信息上的优势，运用自身的职业判断，在不违反会计原则的范围内，选择对自身有利的会计政策及会计估计，直接干预盈余信息的生成，从而使盈余信息朝着对自身有利的方向发展。特别是我国现有的上市公司，大部分是由原来的国有企业体制转换而来，虽然根据《中华人民共和国公司法》（以下简称《公司法》）规定普遍设立了包括董事会、股东大会、监事会及经理层组成的多级治理结构，但实际情况是董事会形同虚设、流于形式，“内部人控制”严重。

2.2.2　信息不对称理论

信息不对称理论产生于20世纪70年代，其基本内容可以概括为两个方面：一是有关交易的信息在各利益主体之间的分布是不均衡的，即其中一方比另一方占有较多的信息；二是各利益主体对于各自在信息占有方面的相对地位都是清楚的。这种对相关信息占有的不对称状况导致在交易完成前后分别发生。信息不对称导致两种主要结果，即逆向选择与道德风险。它们广泛存在于契约形成与履行的始终。“逆向选择”和“道德风险”问题，严重降低市场运行效率，在极端情况下甚至会造成市场交易的停顿。所谓“逆向选择”是指在信息不对称的条件下，参与交易的一方可能隐藏自己的私有信息，因而提供不真实的信息以谋求增加自己的利益，但是这种行为却损害到另一方的利益。至于“道德风险”是指在信息不对称的情况下，参与交易的一方在双方合约签订之后才会做出某种选择，如果合约当中所隐含的激励设计不佳，或是没有充分考虑到信息不足的缺陷，极可能引起参与交易的一方利用合约激励机制中的不完善之处选择对自身有利的“机会主义行动”，使另一方利益受损。

盈余管理中的“逆向选择”主要体现在：投资者在投资

前并不了解企业的真实收益及未来的盈利能力，只能通过企业管理者披露的财务数据了解企业的经营状况以决定是否进行投资。一方面，为了获得投资人的投资，管理者就有可能利用对财务信息的私人占有进行盈余管理，以致只披露有利于扩大自身效用的盈利信息。另一方面，管理者为了在以后的契约二次签订中获得更多的利益，也有可能对盈利信息进行操纵，以隐瞒企业真实的收益状况，这两方面都会形成“逆向选择”问题。在“道德风险”方面，由于委托人不能观察到受托人（经理人）是否努力而设计了一系列的激励契约，以确保受托人—管理者与委托人的目标一致，这些契约多将管理者的报酬与会计盈利联系起来。但是，当管理者过多地考虑自身的利益时，就有可能利用其内部人的有利条件对会计信息特别是盈余信息进行修改以扩大自身收益，或者，利用盈余管理掩盖其经营中的过失或错误。信息不对称与盈余管理存在着必然联系，从某种意义上来说信息不对称是盈余管理得以存生的内在原因。

因此，信息不对称理论认为，要避免“道德风险”的产生，就要着重“激励机制”的设计及使用，让一方的行为能够在符合另一方的喜好之下做最有利于自己的选择。我国上市公司在政策导向下就存在盈余管理的逆向选择。公司上市重要动因是可以通过向社会发行股票募集大量资本，但国内上市公司的上市行为有较为严格的政策约束。我国《公司法》规定上市公司如果连续三年出现亏损将被处于暂停上市或终止上市，配股政策也要求上市公司应该达到会计盈余指标。但是，企业经理人和证券监管部门对企业实际盈余状况处于信息不对称的状态。在这两者所达成的隐含契约关系中，企业经理人是代理人，是公司真实盈余的知情者；证券监管部门是委托人，是公司真实盈余的不知情者。若公司因亏损而被处以暂停上市或终止上市，公司经理人（乃至股东、债权人等）的利益将受损，因此，亏损上市公司便有强烈的动机去利用其与证券监管部门之间存在的信息不对称和契约的不完备性（即仅凭借会计盈余信息来裁定是否处于暂停上市或终止上市），通过内部人操纵的盈余管理行为达到不发生连续三年出现亏损的情况。

委托代理理论和信息不对称理论构成了盈余管理研究的理论基石，是学者们进一步研究分析盈余管理行为，对盈余管理进行治理的理论基础。

2.3 我国上市公司盈余管理的主要动机

从理论上讲，任何行为都会耗费相应的成本，盈余管理行为自然也不例外，那么企业管理层为什么还会采取盈余管理行为呢？原因是盈余管理行为在耗费成本的同时，还会给有关利益关系人（尤其是内部管理人员）带来收益（效用），当收益大于成本时，盈余管理行为便应运而生。具体而言，盈余管理行为动机主要有三个，即机会主义行为目的、有效缔约目的和传递内部信息目的。

1. 机会主义行为观

盈余管理行为动机的机会主义行为观认为，企业管理人员会做出能使自己效用最大化的会计选择和会计处理，即盈余管理行为动机是使管理者自己的效用最大化。从迄今为止的盈余管理研究文献来看，大部分文献均持盈余管理行为动机的机会主义行为观，也就是以管理者追求自身效用最大化为前提和假设来进行盈余管理的研究和探讨。这其中又以报酬契约、债务契约和政治契约的研究为甚。此外，机会主义的盈余管理行为还存在于管理人员下市收购、总经理人员变更、企业处于财务困境等许多情况下，并均已得到相应的实证支持。

2. 有效契约观

盈余管理行为动机的有效契约观认为，企业会作出能使契约成本最小化、进而使公司价值最大化的会计选择和会计处理。事实上，当契约成本高昂到超过企业相对于市场而言所节约的交易费用时，企业将不再存在（被市场替代），因此，降低契约成本、努力使之最小化是企业得以长期稳定发展的生命之源。而持有效契约观者认为，企业管理人员会通过盈余管理行为减少企业因各利益关系人之间的利害冲突所能带来的损失，以降低契约成本，提高组织效率。显然，有效契约观与机会主义行为观有着本质的不同，按照机会主义行为观，会计准则和企业契约应该尽量减少会计选择的灵活性，以减少企业管理人员为自己谋利益的机会；而按照有效契约观，会计准则和企业契约应该给予管理人员以一定的会计选择和处理上的灵活性，以便其对企业环境的变化和其他未能预见的契约事件做出灵活反应。

3. 信息观

盈余管理行为动机的信息观认为，管理人员进行盈余管理的动机是为了向外部信息使用者（主要是股东）传递有用的内部信息。由于信息不对称的普遍存在，导致代理人总是比委托人拥有相对的信息优势，公司管理人员相对于投资者而言总是拥有更多的有关公司未来盈利能力、现金流量及其价值的内部信息。故持信息观者认为，当公司管理人员认为公司未经管理前的盈余信息难以准确评价公司价值和经营业绩、容易对投资者的决策产生误导时，会主动采取盈余管理行为，调整收益，以向投资者传递有用的价值信号，换句话说，管理人员管理盈余的行为有助于提高会计盈余的信息内涵，使盈余信息更能反映公司的经济价值。

事实上，在现实生活中，上述3个动机并非互斥，管理人员可能基于一个以上动机进行盈余管理，因此，单个动机只能解释部分盈余管理行为，或者说，对某一盈余管理行为用单一动机去解释将有失偏颇。当然，从迄今为止的大部分实证研究文献来看，仍多以机会主义行为目的来解释和验证盈余管理行为。

在西方成熟的资本市场上，上市公司盈余管理的动机除了资本市场动机外，还包括报酬动机、债务动机和政治成本动机等。然而，由于我国资本市场的特殊性和我国证券市场特殊的监管政策，如发行上市政策、配股政策、特别处理政策以及暂停交易政策等，使我国许多上市公司盈余管理行为的主要动机是资本市场动机，这是其他国家所没有的独特现象，具体来讲我国上市公司盈余管理的主要动机有以下几种。

2.3.1　IPO 动机

公司首次公开发行股票，都要面临一些门槛。西方企业上市门槛较低，在我国，2001 年以前证券发行市场实行的是配额制，在配额制下，仅有少数企业可以获准发行股票，并且企业过去的经营业绩是一个很重要的考虑因素。之后改成核准制，2002 年 3 月又开始试行保荐制，而对于 2004 年 7 月开始在全国范围内实施的《中华人民共和国行政许可法》（以下简称《行政许可法》），中国证监会又保留了核准权。所以，到目前为止，我国 IPO 本质上仍属于实质性审批制度，IPO 企业必须符合一定必要条件，如近三年连续盈利。按照《中华人民共和国证券法》（以下简称《证券法》）的有关规定，首次申请公开发行股票的公司最近三年必须连续盈利，发行股票前一年年末的净资产在总资产中所占的比例不低于 30%。为了取得上市资格，一些公司会采取盈余管理的手段，以达到上市的条件。IPO 就成为企业盈余管理的一个很重要的动机。

2.3.2 配股动机

对于上市公司而言，配股可以产生直接而明显的效果，如改变股本结构、筹集大量资金、提高每股收益水平等。近年来，尽管我国配股政策进行了数次改变，但配股政策制定的理念并无改变，都是以单一的财务指标即净资产收益率是否符合要求作为配股的主要依据。因此，上市公司盈余管理动机依然保持着持久地为获得配股资格而进行盈余管理行为。此外，业绩是否优良关系到配股价格高低，这也是驱动上市公司进行盈余管理的动机。

配股资格线旨在保证证券市场再融资的上市公司质量，使有限的资源流向绩优的上市公司。我国 1993 年规定了配股的财务指标，即最近两年连续盈利。配股资格历经了 1994 年、1996 年两次修改，1999 年 3 月中国证监会依据《证券法》与《中华人民共和国公司法》（以下简称《公司法》）再次修改了有关配股的规定：上市公司获得配股资格必须是最近三个完整的会计年度的净资产收益率（ROE）平均在10%以上，任何一年的净资产收益率（ROE）不得低于6%。2001年3月中国证监会再次修改了上市公司的配股资格，规定ROE可以有一或两个年度内低于6%，只要三年内平均净资产收益率不低于6%即可，并且规定，在计算ROE时，扣除非经常损益后的净利润与扣除前的净利润相比，以低者作为加权平均净资产收益率为依据。上市公司就根据这样的规定来安排信息、制造达标的利润。

上市公司偏爱配股，主要有两个原因：（1）目前上市公司国有股、法人股处于绝对控股地位，但这部分股份不能上市流通，没有市场价格压力，不论流通股是涨是跌，对它们来说都不涉及直接利益，因此，这些大股东在进行配股决策时，往往考虑的是如何多募集资金，而不是考虑企业价值最大化。（2）股本筹集的资金不需要偿还，没有还债和支付利息的压力，也没有必须分配股利的压力，因此，经理人会尽量争取配股而不是负债筹集资金。

2.3.3 避免退市动机

根据中国证监会规定，上市公司出现下列情况之一，视为财务状况异常：（1）最近两个会计年度的审计结果显示的净利润为负值。（2）最近一个会计年度的审计结果显示股东权益低于注册资本，即如果上市公司连续两年亏损或每股净资产低于股票面值。（3）最近一个会计年度经审计的股东权益扣除注册会计师、有关部门不予确认的部分，低于注册资本。（4）最近一份经审计的财务报告对上年度利润进行调整，导致连续两个会计年度亏损。ST 制度于 1998 年 4 月 22 日起在沪深证券交易所实行。ST 制度是指从 1998 年 4 月 22 日开始，对于财务状况异常的上市公司，证券交易所将实行特别处理（special treatment），在特别处理的股票简称前冠以 ST。监管机构对亏损公司实行 ST 制度既是对亏损上市公司警告，也是对投资者作风险提示。

在我国，公司的上市资格本身是一项宝贵的资源，而且，ST 公司的交易受到了很多限制，如果上市后又被终止上市，无论对股东还是公司本身都是莫大的损失，对会计准则制定者也具有较大的不利影响。为了避免这种情况的发生，上市公司存在着强烈的动机进行盈余管理。终止上市的政策是以连续亏损作为主要依据，一些绩效较差的公司会对不同会计年度之间的盈余进行管理，或高或低，只要避免连续三年亏损，哪怕其中一年重亏，只要能保牌其他再做打算。于是，我国证券市场上就出现了特有的“第一年大亏，第二年扭亏”、“两年不亏、一亏惊人”、“相隔一年或两年间断性亏损”等盈余管理手法。陆建桥 1999 年的实证研究给出了很好的证明。据有关统计数据表明：上市公司在首次出现亏损年度明显地非正常调减盈余，而在扭亏为盈的年度，又明显地调增收益，其目的只有一个，就是要避免出现连续亏损而受到证券监管部门的处罚。

2.3.4 改善公司形象的动机

上市公司的股价关系到各方的利益：股价上升，说明公司价值的上涨，从而能够提升公司的形象；股价上涨会给公司管理人员、公司职工以及持有公司股票的利益相关者带来极大的好处，因为他们持有公司大量发行在外的股票。在这种动机支配下，一些上市公司便充分利用盈余管理，在年报、中报中做出较高的利润。而且，证券市场对信息是极为敏感的，公司的盈利及其他利好消息对于吸引投资者提高价位、树立良好的社会形象极为重要。因此，上市公司往往通过盈余管理向市场传递绩优信息，以达到改善形象的目的。

2.3.5　平滑利润的动机

在生产经营过程中，企业时常会遭遇到一些不确定的因素，从而使企业利润产生较大的波动。而股东总是期望企业能够获得稳定的业绩增长，另外，规避风险的管理当局为了获得稳定的奖金，也会通过选择会计政策或其他措施来塑造一种稳定发展的企业形象。利润平滑有助于企业实现稳定股价、降低市场风险的目标。因此，对于生产经营状况不稳定的企业，可以采取盈余管理的手段平滑企业利润，向外界传递生产经营稳定的信息，增强投资者对企业的信心，起到稳定股价、降低市场风险的作用。

2.4
盈余管理的理论分析

2.4.1　真实盈余管理的理论分析

1. 真实盈余管理的内涵

真实盈余管理采用的是 Roychowdhury 在 2006 年提出的定

义，即真实盈余管理是指背离了正常的经营活动，管理层的目的是至少误导公司一部分利益相关者相信某种特定的财务报告目标已经通过正常的经营活动实现。在一些经济环境下某些真实盈余管理的实现方法属于正常经营行为，如销售折扣、削减可操纵性费用，然而，如果管理层为了达到既定的盈余预期而过分地使用这些手段时，那么可认为管理层进行了真实盈余管理。真实盈余管理将会直接地影响企业的现金流量，短期内实现既定目标，但是这些背离正常经营活动的行为未必有助于提升公司的价值。

2. 真实盈余管理的手段

真实盈余管理是对真实活动的操控行为，所以是在企业经营过程中发生的，而真实盈余管理的手段分为线上的真实盈余管理和线下的真实盈余管理。线上的真实盈余管理是企业日常活动中产生的包括销售操控、减少酌量性费用支出以及过量生产；而线下的真实盈余管理是企业非日常活动中发生的，例如，出售长期资产（Herrmann 等，2003）、股票回购（Graham 等，2005）等。

销售操控：通过提供价格折扣或者给予更宽松的信用期间以在短期内提高企业当年的销售业绩。一种方法是管理层通过提供限时的价格折扣将本属于下一年的额外销售计入当年。但是，当企业一旦恢复原价时，这种优势就会消失。另一种途径就是通过提供更宽松的信贷期间增加当期销售量，例如，汽车厂商经常会在年底时提供低利率甚至是零利润的金融信贷。比起正常的销售活动，上述操纵销售的行为，会降低当期经营活动产生的现金流量并且增加当期的生产成本。

减少酌量性费用支出：酌量性费用是指在发生时计入当期

损益的费用，如广告支出、日常维修费用等。由于酌量性费用发生时是以现金形式支付的，如果管理层减少酌量性费用，那么会减少当期的现金流出量，相应地看，使得企业的经营活动现金流量净额增加。这些费用的支出通常是由管理层决定的，管理层可以通过增加或减少此类费用的支出，而达到盈余管理的目标。

过量生产：为了达到盈利的增长，管理当局可能会要求生产比实际需求更多的产品。因为在一定生产规模下，固定制造费用的支出是不变的，当企业在这一范围内尽可能地扩大产量，会使得分摊到每一份产品的固定费用减少，从而减少单位产品的成本，在销售同样数量的产品时，会提高企业利润。但是，生产的额外产品的制造成本及持有成本不能通过当期的销售进行补偿，会使得当期经营活动产生的现金流量低于正常生产时的金额。

出售长期资产：长期资产的出售收入或损失的确认时点是发生当期，那么，管理层可能会选择通过将所持有的长期资产的所有权让渡给第三方，获取现金或现金等价物。在企业经营业绩未达到预期时，可通过转让部分长期资产获取收益，平滑盈余达到管理当局的预期。此种方法虽然在短期内改变了投资活动的现金流量，但却不利于企业的长期发展。

2.4.2 应计盈余管理的理论分析

1. 应计盈余管理的内涵

应计盈余管理（Dechow and Skinner，2000）是指在公认的会计准则允许的范围内，管理层通过对会计准则的选择来掩盖甚至扭曲企业已经真实发生的事项，旨在误导以公司经济业绩为基础做决策的利益相关者或者影响那些以财务报告数字为基础的契约。应计盈余管理不会改变企业的价值，只是通过灵活地选择会计准则调整账面金额，当期通过应计盈余管理调整的利润在未来期间将得到补偿。

2. 应计盈余管理的手段

会计准则的最初产生是为了协调财务报告的编制者与其使用者间的利益关系，但是，由于企业在经营活动中面临着各种各样的问题，会计准则的内容不可能涵盖了所有方面，这也就要求企业管理者在经营过程中根据企业面对的具体情况做出职业判断，选择更适合企业的会计政策。然而，这些自由判断的空间自然成为管理层进行应计盈余管理的载体。

收入确认：企业管理层通过选择资产销售的时点，进行盈余管理。可能的手段有提前确认收入、延迟确认收入甚至创造虚假收入事项等。运用这些手段可以平滑企业的利润，帮助企业呈现稳定增长的状态，增加投资者的信心。

成本费用确认：为了实现短期盈利目标，部分企业的管理层会选择在短期内改变酌量性的开支，以迎合分析师的预期盈余。常见的有提前确认费用，这种行为通常是当期盈利水平偏高，或者亏损程度过大，企业将其未来期间的费用提前到当期确认，减少以后期间的费用性支出，提高盈利水平；递延确认费用，本期发生的损失不予确认，推迟到以后期间，以提高当期盈利水平；费用资本化，将费用计入相关资产的价值，以后年度通过折旧或摊销予以确认，减少当期费用支出，增加盈余。

资产减值政策：新会计准则实施前，企业经常采用资产减值进行盈余管理，在需要掩盖亏损、虚增利润时，减提甚至干脆不计提减值准备；需要时，则尽可能地大量计提减值准备。新会计准则实施后，上述情况是否有所改进，还有待后续论证。

资产计价：企业公允价值计量属性上，存在盈余管理的空间，公允价值的有效性是以有效的资本市场为基础的，目前我国资本市场仍处于弱势有效阶段，实行公允价值计量，势必会为企业进行盈余管理创造条件。

特殊交易：我国企业目前存在的特殊交易包括了债务重组、非货币性交易、关联交易、会计制度制定者补助等。这种特殊交易行为一定程度上能影响企业的净利润，并且存在着一定的操作空间。例如，一些业绩欠佳的企业会试图利用债务重组以获得债务重组收益进行盈余管理；进行关联方交易的一些企业采用的是协议定价法，导致定价的高低完全由企业需要决定，这就使得利润在具有关联关系的企业中转移；上市公司的经营状况对推动区域经济有着重要的作用，二者是相互促进、相互影响的，如果上市公司能够处理好与会计制度制定者的关系，当公司一旦发生经济困难时，会计准则制定者往往会伸出援助之手。

事实上，企业运用会计准则进行盈余管理的手段极其丰富，本书只是列举了一些常见的盈余管理涉及的领域和企业常用的手段。且上述应计盈余管理某些手段中，也同样成为真实盈余管理的手段，如关联方交易、资产销售收入的确认时点，等等。

2.5 公司治理理论及公司治理对盈余管理的影响

2.5.1 公司治理概念

公司治理概念有狭义、广义之分。从狭义范畴看，它是由所有者、董事会和高级经理层组成的一种组织结构，表现为公司所有者（即股东）对经营层的一种激励、监督与制衡机制。通过这样的制度安排，协调所有者与代理者之间的关系，最终达到股东利益最大化的目标。广义的公司治理则不局限于股东与经理人的制衡，而是涉及广泛的利益相关者，包括股东、债权人、供应商、雇员、政府和社区等与公司有利害关系的各种集团。公司治理是通过一套包括正式或非正式的、内部的或外部的制度或机制来协调公司与所有利益相关者之间的利益关系，以保证公司决策的科学化，最终维护公司各方面的利益。因为从广义上看，公司已不仅仅是股东的公司，而是一个利益共同体，公司的治理机制也不仅限于以治理结构为基础的内部治理，而是利益相关者通过一系列的内部、外部机制来实施共同治理，治理的目标不仅是股东利益的最大化，而是要保证公司决策的科学性，从而保证公司各方面的利益相关者的利益最大化。实际上，广义与狭义概念之间的区别在于是股东利益的最大化，还是利益相关者的利益最大化。

2.5.2　公司治理结构框架

公司治理分为内部治理和外部治理两部分。内部治理所涉及的组织包括股东、董事会、监事会、高级管理层四个组成部分，而内部治理的内容主要是限定和规范这四个组成部分的职责和权力（李晓安，2004）。内部治理的目标是保护股东利益的最大化，换句话说，内部治理的主体是股东，客体即为研究的对象——董事会、监事会、经理人。而外部治理的主体就不再局限于股东这一类了，它包括与公司有关的所有利益相关者，例如，债权人、雇员、客户、供应商、政府等等。因此，外部治理的客体也就不仅仅是董事会、监事会、经理人所能涵盖的了。本书旨在讨论公司治理对盈余管理问题的影响，因而把研究重点放在了内部治理结构上。

内部治理的主体是股东，作为公司的出资者，他们的利益应当得到保护。但是，由于股东与公司运营有一定的距离，他们与经理人之间存在着信息的不对称，由此，公司经理人容易出现逆向选择和道德风险问题。董事会作为公司治理客体中一个重要的组成部分发挥着相当关键的作用。作为公司的最高决策机构，董事会承担着确保公司向着既定战略目标前进以及对经理人进行有效监督的责任。关于董事会的构成机制和内外董事、独立董事的比例问题，Fama 和 Jensen（1983）指出，公司治理的内外部机制的设计都是为了最小化所有权和决策权分离带来的问题。他们指出董事会是公司治理的一个核心部分，最佳董事会结构应当是由内外部董事共同组成的。Jensen 和 William（1976）提出，内部董事掌握着更多的公司内部信息，外部董事则是对其起到监督的作用，从而保障股东的权力，避免管理层为了某种目的而进行各种操纵行为。管理层主要承担着公司日常经营业务运营的职责，作为公司所有者——股东的代理，管理层实际上是代替股东经营公司业务。但是，在经营的过程中二者的利益不一致性导致了经理人所做出的决策，往往并非最优解，而是次优解，这便产生了股东利益并非最大化的问题。因而，管理层在日常的经营过程中需要受到董事会的指导和监督，借此防范委托代理过程中带来的道德风险和逆向选择问题。

2.6 公司治理结构与盈余管理的关系

公司治理结构对盈余管理的影响，可以分别从外部治理结构和内部治理结构两个方面进行分析。公司内部治理结构和外部治理结构都会对盈余管理产生影响，公司内部治理结构的参与主体主要包括股东会、董事会、经理层和监事会。外部治理结构主要包括资本市场、监管市场、经理人市场和公司债权人市场等。本书主要研究公司内部治理结构对盈余管理的影响。

2.6.1 外部治理结构对盈余管理的影响

外部治理结构是指竞争性市场对经理人的间接约束以及政府有关部门对上市公司的各种监管政策等。其中最基本的三重约束是资本市场、经理人市场和产品市场。结合盈余管理这一具体问题，其影响主要体现在资本市场和经理人市场和产品市场上。

首先是资本市场。资本市场的重要功能是实现资本市场资源的有效配置，会计信息在资本市场发挥着举足轻重的作用，资源配置机制能否发挥作用决定于上市公司是否正确地披露了反映企业价值的会计信息。同时，企业市场价值与经理人个人利益有着必然的联系，当企业市场价值下降时，经理人有强烈的动机通过盈余管理进而影响企业市场价值。资本市场正是通过将企业披露的信息及时地反映出来，完成投资者对上市公司的评估，促进资源合理配置。由于资本市场要求企业管理层必须定期和公开披露企业的财务状况，这就使得会计盈余在资本市场发挥着举足轻重的作用，它直接影响企业价值的定位。

企业市场价值与经理人个人利益有着必然的联系，盈余管理成为经理人改善经营业绩的有效手段。首先，股东与经理人之间的信息不对称形成了委托代理关系，二者利益函数的不一致加上自利倾向使得经理人很难尽心尽力地以股东利益最大化为其工作导向，经理人进行盈余管理不可避免。其次，资本市场对经理人的约束主要来自代理权竞争机制。一方面，由于委托代理双方都会意识到信息不对称的存在，在签订契约时会设置一些条款促使代理人的个人利益与公司的利益一致。另一方面，股票市价低迷，相当一部分中小投资者则会采取抛售公司股票的方式，这就给新的投资者创造了低价收购公司股票进而接管公司的机会，随之而来的也必然是原有经理层的全面调整。这种潜在的代理人面临被替换或失去实际控制权的威胁客观上促使了经理人会通过盈余管理来平滑收益从而稳定股票市价。

同样，盈余信息在债务性资本市场中也扮演着一个重要的角色。债务性资本主要是向银行及其他非金融机构筹集的。经理人和债权人之间存在道德风险，即经理人可能选择违背债权人最优利益的行动。在签订债务契约时，理性的债权人采取设置限制性条款等方法，保护自己的利益。当经理人在无法实际达到债权人的要求时，企业经理人往往会利用其独自拥有的信息披露权，进行盈余管理，粉饰会计报表。

其次是经理人市场。经理人市场的存在，就意味着存在代理人、企业经理层之间的竞争，当经理层的表现不能使企业所有者满意的时候，企业所有者可以有权更换经理层。因此，代理人为了在竞争中取得优势，盈余管理便成为其常用的手段。

在有效的经理人市场，会计信息对经理人能力及其价值的评估起着重要的作用，而这种评估的前提是存在着一个完善、健全的经理人市场。在这个市场上，经理人人力资本的价值取决于他们所经营企业的获利水平，即企业的盈利水平。通过经理人市场的评价机制，经营业绩佳的经理人会得到大量的工作机会，而且往往会被高薪聘用，经营业绩差的经理人则往往面临失业的威胁。因此，经理人市场的功能把经理人利益与企业利益联系起来了。在个人利益与企业组织目标协调一致的情况下，一方面，经理人会努力工作以增加企业实际盈余；另一方面，在实际盈余既定的情况下，经理人也会采取恰当的手段来影响实际盈余在不同会计期间的反映和分布，以平滑利润，实现企业市场价值的稳定增长，从而给股东和经理人的收益带来有利影响。在公司外部治理结构中，对盈余管理产生直接影响的是上述的资本市场和经理人市场。不过，经理人在对外披露企业财务报告时，往往也会考虑产品市场的因素。例如，过高的盈利水平可能引起潜在竞争者的介入从而增加本行业竞争激烈程度，如果是垄断性、战略性行业，那么它还会引起政府的注意从而对其进行管制。这都使得经理人倾向于通过盈余管理设法降低盈余数字而以非暴利的形象出现。

最后是产品市场。产品市场中，供应商和顾客收集企业经营状况的信息，很大一部分是来自于企业向外披露的会计信息。产品市场的竞争，企业生存的直接压力会使经理人重视企业的经营战略和具体策略。企业对外披露的会计盈余信息在某些情况下会受到较为明显的关注。垄断或寡头垄断行业能够获得超额利润，因而较高的会计盈余披露，会吸引其他潜在的生产者进入该行业或生产领域，增加行业内竞争，最终导致较高盈利的丧失。

2.6.2　公司内部治理结构对盈余管理的影响

公司内部治理结构是主要由股东、董事会、监事会对经理人进行监控的机制，它一方面利用企业管理当局披露的会计信息对企业管理者进行约束和激励，另一方面有义务向股东会、董事会、监事会和外界披露系统、及时、准确的会计信息。

公司的所有权和经营权分离是现代公司的特征，公司两权分离的存在，企业的所有者（股东及其选举的董事会）和企业经理人（经理）之间信息的不对称，两者的利益也是不一致的，在公司的经营状况不利于代理人的情况下，代理人就可能通过盈余管理来传递错误的信息来满足个人的私利。于是，评价经理人受托责任履行情况的标准最终落在了双方均可直接观察到的企业盈余数字上。虽然这其中有道德风险，但却难以避免。考虑到经理人在会计信息生成过程中的自然控制权，为美化自己的受托责任完成情况，他必然有动力通过选择适当的会计政策使盈余数字变得有利于自己，这时，盈余管理完全是作为经理人的一种机会主义行为而出现的。公司内部治理结构的核心在于股东与经理人的关系，即在所有权和经营权相分离的情况下，股东如何有效激励和监督经理人。有效的公司治理结构应当解决两个问题：一是要给经理人以充分的自由去管理好企业，股东不能对其做过多的干预；二是保证经理人从股东的利益出发，运用这些自由去管理企业，即经理人能够得到有效的激励和监督。实际上这种有效的公司治理结构反而产生了一对矛盾，前者给经理人创造了盈余管理的条件；后者在压缩经理人盈余管理空间的同时，从某种程度上说也激发了经理人盈余管理的动机。

2.6.3 我国上市公司外部治理结构对盈余管理的影响

目前我国上市公司外部治理结构中的各种要素市场发育还不成熟，存在许多弊端，从而大大弱化了外部治理结构对盈余管理的约束力度。其主要表现为：首先，资本市场不健全，资本市场未达到强势有效市场，股票价格不能正确反映上市公司的内在价值，上市公司缺乏被接管或兼并的压力，从而降低了经理层的努力程度，也降低了上市公司盈余管理的成本。其次，经理市场缺乏竞争性。在绝大部分国有上市公司中，由于国家股和国有法人股的控股地位，管理人员的任命仍然存在浓厚的行政干预色彩，缺乏公开化、透明化的市场竞争；而且还没有一支成熟的独立的职业经理人队伍，对职业经理人的行为管理和评价体系等也尚未形成，经理人的目标函数还不能经由市场竞争机制得到自动矫正，市场的评价机制和信息传递机制不能发挥对代理人的约束作用。最后，债务性资本市场上，在我国上市公司的负债总额中，半数以上的负债来自于商业银行的贷款，这一比例在国有上市公司中更高，但我国上市公司董事会和监事会中绝大部分没有来自商业银行的代表，而且当公司的资产负债率提高时实际控制权也没有从股东向债权人转移，使得商业银行作为公司的主要债权人起不到对公司经理层的监控作用。而且现行《中华人民共和国商业银行法》（以下简称《商业银行法》）没有赋予商业银行对公司重大决策的监督权，这种格局导致了公司经理人与商业银行之间存在严重的信息不对称，使得经理人有盈余管理的可能。

2.6.4　我国上市公司内部治理结构对盈余管理的影响

公司的股权结构从一个角度反映了公司治理结构的特征。首先，我国上市公司大部分是由国有企业改制而来，因而股权结构中的显著特点是国有股“一股独大”，第一大股东往往占绝对控股地位，流通股比重较小。正由于在大部分上市公司股权结构中国有股一股独大，使得上市公司存在着多层次的委托代理关系，这种代理关系使得掌握国有股控制权的代理人对经理层的控制作用未能发挥在实处。一股独大的问题常常是盈余管理爆发的主要原因。在这种一股独大缺乏其他股东的制衡和约束的条件下，上市公司与大股东往往表现为在利益上完全趋同，并且其制定一些盈余管理的策略时，也没有相应的监督机制来制约其最终的发生。因此，治理结构中的股权结构，也会最终对盈余管理产生重要的影响，容易产生“内部人控制”现象，进而导致盈余管理行为的出现。其次，对经理人的选拔和激励机制不够完善，上市公司高层管理人员在董事会中的持股比例和领取薪酬的董事比例很低，在此种情况下，公司高层经理的目标极可能与企业的股东财富最大化目标相背离，容易产生盈余管理动机。最后，董事会作为公司治理结构体系中一个非常重要的组成部分，它的特征对整个公司而言是至关重要的。在董事会成员构成中，一方面，一部分是由大股东委派的成员，这部分成员在董事会中所占的比例，所拥有的地位以及所起的作用必将影响整个董事会的性质。另一方面，董事会中的外部董事的比例在一定程度上反映了董事会监督性能的高低，这对于董事会做出正确的决策会起到一定的作用。所谓的两个兼任问题，主要是为了表明董事会对高管层的监督机制是否起作用，以及大股东对上市公司直接影响力的大小。兼任有各种表现形式，如董事会成员出任高管层、大股东董事会成员出任上市公司高管或者董事会成员等等，我们认为在这其中有两种兼任现象会导致最严重的后果，董事长与总经理的兼任，以及大股东的董事长或者总经理出任上市公司的董事长或者总经理。当这些问题严重时，必然促使公司决策层采取暗箱操作，为盈余管理问题的发生提供了内部土壤。

从公司治理结构的角度来看，无论什么样的公司治理机制都不能避免盈余管理行为的发生，这是公司内外部治理结构的本质特点所决定的。国外微观层面的实证研究主要从股权结构和董事会特征两个方面来分析治理结构与盈余管理间的关系，主要研究了股权集中度及董事会会议次数、独立董事比例和董事长是否兼任总经理等董事会特征与盈余管理的关系。目前，国内对公司治理与盈余管理关系的研究较少，刘立国（2003）考察了部分上市公司治理结构与财务报告舞弊的关系，但由于只考虑到发生财务舞弊的公司，并未全面考查上市公司的盈余管理水平与公司治理结构的关系；余明桂等（2007）还发现了部分上市公司控股股东利用关联交易转移资源，侵占小股东利益的证据。另外，针对目前国有股一股独大，而国有股权出资人不到位导致的内部人控制问题，谢清喜等（2004）发现部分上市公司董事或其他高级管理人员为实现其自身效用最大化，通过非公平关联交易进行了利益输送。

结合我国上市公司的特殊情况和我国公司治理对盈余管理的影响，本书的研究重点讨论公司治理结构中控股股东、董事会、高级管理层与盈余管理的关系，以此作为研究盈余管理问题的切入点。

2.7
本章小结

对盈余管理的影响上，公司治理结构是一个重要的因素。公司治理是指股东通过构建对经理人的激励和监督机制，着重解决二者之间委托代理问题而形成的，以比较完善的市场运作机制和内部控制机制为基础的一整套制度安排。公司经理们为了获得职位安全和丰厚的报酬，必然会利用其实际控制优势，适时采取盈余管理政策，在合法的范围内选择有利于提高报告盈利水平和有利于刺激公司股票交易价格上扬的会计政策，以达到自身利益的最大化。通过对公司治理结构的研究，能够对盈余管理有更深刻的理解。把公司治理结构的各个因素分解，确定这些因素与盈余管理的相关性程度，从而更好地提出解决盈余管理的对策，保护投资者利益。

本章分别就盈余管理的定义、内涵、理论基础以及我国上市公司盈余管理的主要动机和公司治理结构与盈余管理的关系等方面做了详细的阐述。研究表明，我国独特的公司治理结构对盈余管理影响很大。本章在全面分析我国上市公司盈余管理的基础上，将以公司治理结构与盈余管理的关系为主线，在下述第四章、五章、六章中分别以股权结构与盈余管理、公司董事会与盈余管理、基于隧道行为的盈余管理与盈余信息含量作为考察对象，研究公司内部治理与盈余管理的关系，对我国上市公司公司治理与盈余管理中的各种问题进行理论和实证的深入探讨。

第三章

盈余管理计量方法的实证研究

3.1 盈余管理实证研究方法综述

对盈余管理行为的实证检验是盈余管理研究的一项重要内容，国外对于盈余管理实证研究的关键是如何检测盈余管理的存在。纵观近20多年来国内外关于盈余管理的实证研究文献，总体上采用了三种研究设计方法：总体应计利润（aggregate accrual models）模型、特定应计利润模型（specific accrual models）和频率分布方法（frequency distribution models）。

企业净利润通常称为会计盈余，包括经营活动现金净流量（cash from operation，CFO）和总体应计利润（total accruals）

两部分。经营活动现金流量一般与公司销售政策、信用政策密切相关，与会计选择关系不大，不易操纵，而应计利润相对弹性较大，早期的盈余管理实证研究主要关注企业的会计政策选择，自 Healy 之后，盈余管理实证研究逐渐开始以应计利润（accruals）为焦点。应计利润是将一系列会计政策、会计估计的影响转化为一组会计数据，这种处理方法可以简化研究，但同时也带来问题：该方法将应计利润与各种影响因素之间的关系看做一个黑箱，给研究方法的设计带来了困难。由于研究者既不能观察到盈余管理的过程，也无法观察到盈余管理的结果，因此，实证检验的一个核心问题就是估算管理当局的盈余管理对应计利润的影响。按照公司管理当局能否操控，研究者一般将应计利润分解为可操控（又称操纵）性应计利润（discretionary accruals，DA）和非操控性应计利润（non-discretionary accruals，NDA）两个部分。可操控性应计利润是指管理当局在会计准则允许的范围内可自由选择的项目；非操控性应计利润是指在会计方法选定后，因一致性原则的要求，管理当局无法自由选择的项目，如固定资产折旧、无形资产摊销等，一旦其折旧与摊销年限、方法确定后，很难再进行管理、调整。因此，上市公司管理层往往通过调整可操控性应计利润来达到盈余管理的目的。在研究中通常把可操控性应计利润作为衡量盈余管理的代理变量。

估计应计利润中可操控性部分的关键是估计应计利润中的非操控性部分，下面分别介绍估计可操控性应计利润的三类模型。

3.1.1 总体应计利润模型

基于总体应计利润的识别模型是盈余管理最主要的一种检

验方法。总体应计利润模型的特点是，将会计盈余分为经营现金流和总体应计利润两部分，同时，又将总体应计利润划分为操控性应计利润和非操控性应计利润两部分。然后，用操控性应计利润来衡量盈余管理。由于操控性应计利润是不可观测的，因此通常是先设计一个模型来计算非操控性应计利润，然后，比较非操控性应计利润和总体应计利润的大小，如果非操控性应计利润小于总体应计利润，就证明公司可能存在盈余管理。目前，常见的总体应计利润模型有 Healy 模型、De Angelo 模型、琼斯模型、修正的琼斯模型以及琼斯模型的其他变形（Jones 族模型）。

1. Healy 模型

最早运用总体应计利润模型来研究盈余管理的是希利（Healy，1985），他将样本分为通过管理调高预测盈余和通过管理调低预测盈余两组，并且将非操控性应计利润用 N 年的平均总体应计利润来表示，通过两两对比总的应计项目均值来推论盈余管理。该方法相当于把样本的应计项目均值作为估计期，而其他的作为事件期，该模型建立在两个假定之上：

第一个假定为：假设企业各年的非操控性应计利润的均值是恒定的，估计期各年的操控性应计利润遵循随机游走的特点，从长期来看，估计期各年的操控性应计利润的代数和为零。即：

$$\sum TA_t = \sum NDA_t \tag{3.1}$$

其中，TA 为总应计利润，NDA 为非操控性应计利润。

第二个假定为：企业各年的非操控性应计利润是稳定的，各年度是大致相等的，可以用 $\sum NDA_t$ 的平均值表示事件期的非操控性应计利润，从而得到：

$$NDA_t = \frac{\sum NDA_t}{T} = \frac{\sum TA_t}{T} \tag{3.2}$$

与其他模型相比，该模型比较简单，对数据的期限不做要求。

2. De Angelo 模型

De Angelo 模型又称随机游走模型（Random walk model），是 De Angelo（1986）通过计算总应计利润的一阶导数来观测盈余管理，并假设当不存在盈余管理时，总应计利润一阶导数的期望值为 0。该模型用上一期的总应计利润除以滞后总资产作为非操控性应计利润的度量方法。其公式如下：

$$\frac{NDA_t}{A_{t-1}} = \frac{TA_{t-1}}{A_{t-1}} + \varepsilon_t \tag{3.3}$$

其中 NDA_t 是第 t 年的非操控性应计利润，TA_{t-1} 是上一年的总应计利润，A_{t-1} 是上一年的资产规模，研究过程中考虑到不同企业的规模影响因素。De Angelo 模型是以事件期上一年度的总应计利润作为事件期非操控性应计利润的估计值。该模型可以看做是 Healy 模型的一个特例，实质上是估计期为一年的 Healy 模型，两个模型的共同点在于：它们都是用估计期间的总应计利润作为期望的非操控性应计利润的预测值，如果操控性应计利润在各期间恒定，操控性应计利润在估计期间内均值为 0，那么，这两个模型所得到非操控性应计利润都没有误差。然而，二者都没有考虑经济环境对非操控性应计利润的影响，可能会导致有偏估计。这两个模型到底哪个更准确取决于在时间序列过程中产生非操控性应计利润的本质。若非操控性应计利润有一个固定的均值，则 Healy 模型会更准确。若非操控性应计利润服从随机游走过程，则 De Angelo 模型就会更准确。

以上两个模型都是从一个静态的角度来看企业的非操控性应计利润，没有考虑企业的动态发展与基本面变化的问题。随着对盈余管理研究的深入，出现了最为著名的琼斯模型以及修正的琼斯模型等。

3. 琼斯模型（Jones model）

琼斯（Jones，1991）在估计非操控性应计利润时，放松了非操控性应计利润固定不变的假设，对之后的盈余管理实证研究方法产生了巨大影响。琼斯认为操控性应计利润不是随机游走和均值回复过程，而是将随着主营业务收入和公司固定资产的变化而变化，公司主营业务收入的增长会导致企业的应计利润的增长；而且 Healy 模型没有考虑企业规模以及规模的变化对非操控性应计利润的影响，只用以前年度总应计利润度量本年的非操控性应计利润，显然会有很大的误差。为此，琼斯指出，非操控性应计利润是由两年的主营业务收入之差与固定资产原值的关系函数构成，首先在其模型中加入了主营业务收入变化（$\triangle REV$）和固定资产原值项目（PPE），并且在模型中引入企业总资产作为变量的除数，以消除规模差异的总体影响，进而由非操控性应计利润推出操控性应计利润来判断公司是否存在盈余管理。

琼斯模型使用回归模型来估计非操控性应计利润，用回归方程的自变量来控制企业经营基本面因素对非操控性应计利润的影响，由于无法在模型中使用全部的应计项目，琼斯选用了固定资产变化和销售收入变化两个重要指标，将销售收入增量作为影响营运资本应计利润的基本因素，从而成功地控制了公司经济环境的变化对非操控性应计利润的影响。琼斯的应计利润模型表述如下：

$$\frac{TA_t}{A_{t-1}} = \alpha_1 \frac{1}{A_{t-1}} + \alpha_2 \frac{\triangle REV_t}{A_{t-1}} + \alpha_3 \frac{PPE_t}{A_{t-1}} + \varepsilon_t \qquad (3.4)$$

其中：TA_t 是某企业第 t 期的总应计利润；A_{t-1} 是第 $t-1$ 期的总资产；$\triangle REV_t = REV_t - REV_{t-1}$，$REV_t$ 是企业 i 第 t 期的主营业务收入，REV_{t-1} 是第 $t-1$ 期的主营业务收入，$\triangle REV_t$ 是第 t 期的主营业务收入变化；PPE_t 是第 t 期的固定资产原值；误差项 ε_t 为第 t 期的可操控性应计利润。

琼斯模型系列考虑了企业的发展动态问题：包括企业的销售收入规模的扩大、资产规模的扩大因素都作为模型中的考虑指标。后面的研究大多建立在琼斯模型的基础之上，对非操控性应计利润的构成进行不断的完善。

非操控性应计利润与主营业务收入相关，而主营业务收入中，赊销收入的增加额显然可以通过盈余管理实现，因此琼斯模型的缺陷是在划分应计利润时，高估了非操控性应计利润额，低估了盈余管理的影响。

4. 修正的琼斯模型（modified Jones models）

Dechow，Sloan 和 Sweeney（1995）对琼斯模型提出了异议，认为琼斯模型低估了盈余管理。原因在于，如果将销售收入增量作为解释变量来估计非操纵性应计利润，由于应收账款的存在，在主营业务收入中，财务报告编制人员可以通过操纵应收账款来操纵销售收入，从而操纵盈余，使可操控性应计利润被低估，因此他们提出了修正的琼斯模型，将当期增加的信用销售看做是销售收入中被人为操纵的部分，因此应该在销售收入中，剔除应收账款增量。其模型为：

$$\frac{NDA_t}{A_{t-1}} = \alpha_1 \frac{1}{A_{t-1}} + \alpha_2 \frac{(\triangle REV_t - \triangle REC_t)}{A_{t-1}} + \alpha_3 \frac{PPE_t}{A_{t-1}} \qquad (3.5)$$

同琼斯模型一样，α_1 、α_2 、α_3 是系数，这三个系数可以通过下式的回归模型得出：

$$\frac{TA_t}{A_{t-1}} = \alpha_1 \frac{1}{A_{t-1}} + \alpha_2 \frac{(\triangle REV_t - \triangle REC_t)}{A_{t-1}} + \alpha_3 \frac{PPE_t}{A_{t-1}} + \varepsilon_t \tag{3.6}$$

其中 $\triangle REC_t = REC_t - REC_{t-1}$ ，REC_t 是企业 i 第 t 期的应收账款，REC_{t-1} 是企业 i 第 $t-1$ 期的应收账款，$\triangle REC_t$ 是企业 i 第 t 期的应收账款变化；$\triangle REV_t - \triangle REC_t$ 为扣除应收账款变化的主营业务收入变化，ε_t 为随机项，代表各公司总应计利润中的可操控性应计利润部分。

修正的琼斯模型更全面地衡量总体非操控性应计利润，从而求出可操控性应计利润。该模型较琼斯模型对于盈余管理的解释力更强（Beneish，1998）。

5. 扩展的琼斯模型（extended Jones models）

Chamber（1999）在横截面修正琼斯模型中增加了一个滞后应计额变量以控制前期流动应计额的当期回转，首先提出扩展的琼斯模型，国外文献通常都是利用修正的琼斯模型作为估计盈余的模型。但是，我国学者陆建桥分析认为：用修正的琼斯模型仍存在缺陷，其中一个突出的问题是，它和琼斯模型都忽视了无形资产和其他长期资产对非操控性应计利润的影响，因为无形资产和其他长期资产摊销额是非操控性应计利润的重要组成部分，如果忽视了这一因素，会使琼斯模型和修正的琼斯模型低估非操控性应计利润额，高估盈余管理行为。为此，他提出了扩展的琼斯模型，该模型在修正的琼斯模型基础上，在自变量中增加了无形资产和其他长期资产变量，其表达式为：

$$\frac{TA_t}{A_{t-1}} = \alpha_1 \frac{1}{A_{t-1}} + \alpha_2 \frac{(\triangle REV - \triangle REC)}{A_{t-1}} + \alpha_3 \frac{PPE_t}{A_{t-1}} + \alpha_4 \frac{IA_t}{A_{t-1}} + \varepsilon_t \quad (3.7)$$

其中，IA_t 表示无形资产和其他资产之和，其他变量可参考（3.4）式和（3.5）式。

此外，陈小悦等（2000）在研究上市公司对于证监会有关配股资格所做的“净资产收益率10%”规定的反应时，采用参数检验的方法，在确定操控性应计利润时，对琼斯模型进行修正，保留其主体部分，加入虚拟变量判断利润操纵存在与否。

$$\frac{TA_{it}}{A_{it}} = \alpha_0 + \alpha_1 \frac{\Delta REV_{it}}{A_{it}} + \alpha_2 \frac{PPE_{it}}{A_{it}} + \alpha_3 YB + \alpha_4 LJ + \alpha JY + \varepsilon_t \quad (3.8)$$

其中 YB 为虚拟变量，当公司 i 的净资产收益率 ROE 在5%～9%之间时取1，否则取0；LJ 、JY 也为虚拟变量，取值情况依据研究者的要求，其他变量可参考（3.4）式。

6. 行业模型（the industry model）

行业模型是 Dechow 和 Sloan 1991 年提出的，该模型同样放松了非操控性应计利润在时间序列上是常数的假设。行业模型假设非操控性应计利润决定因素的变化在同行业公司之间是相同的，而不是设计模型来直接估计可操控性应计利润的决定因素。行业模型替代方案是：从特定行业入手，假定对特定行业来说，影响非操控性应计利润的因素是一定的。由此提出的模型为：

$$NDA_t = \beta_1 + \beta_2 \cdot median_j(TA_t) \quad (3.9)$$

$$\frac{NDA_t}{A_t} = a \frac{1}{A_{t-1}} + b_1 \frac{\triangle REV_t - \triangle AR_t}{A_{t-1}} + b_2 \frac{PPE_t}{A_{t-1}} \quad (3.10)$$

其中，$median_j(TA_t)$ 表示同行业所有非样本公司总体应计利润的中位数。公司特征参数 b_1、b_2 同样是用估计期观测值通过 OLS 估计获得。

7. KS 模型

Kang 和 Sivamrakshnan（1995）提出了 KS 模型，与其他模型用流动资产和流动负债的增量来估计模型参数不同，他们用流动资产和流动负债科目直接估计模型参数。其模型如下：

$$\frac{ACCABAL_t}{A_{t-1}} = a_0 + \beta_1 \frac{REV_t}{A_{t-1}} \times \frac{ART_{t-1}}{REV_{t-1}} + \beta_2 \frac{EXP_t}{A_{t-1}} \times \frac{OCAL_{t-1}}{EXP_{t-1}} + \beta_3 \frac{PPE_t}{A_{t-1}} \times \frac{DEP_{t-1}}{PPE_{t-1}} \tag{3.11}$$

其中：$ACCABAL_t$ 为扣除应收应付税款后的非现金流动资产和流动负债减去折旧；

ART_{t-1} 为扣除应收税款后的应收款项，ART_{t-1} = 应收账款 - 应退税款；

EXP 为费用，EXP = 主营业务收入 - 扣除折旧前的营业收入；

DEP 为折旧；$OCAL$ 为其他流动资产和流动负债。

该模型具有三个重要特点：

（1）该模型通过增加费用变量和解释性变量，解决了琼斯模型存在的最小二乘估计的变量误差和变量遗漏问题。

（2）用流动资产和流动负债的水平值而不是变化量（增量）来计算操控性应计项目的估计值。

（3）参数 β_1、β_2、β_3 可以解释为周转率。

该模型指出非操控性应计利润会随着收入、费用和固定资产的变化而变化，而琼斯模型、修正的琼斯模型只考虑了收入和固定资产的变化。

8. Soon - Gray 模型

Soon suk Yoon 和 Gary Miller（2002）以韩国 1995 ~ 1997 年期间 249 个增发的公司为样本进行了统计分析，研究表明现金支出的变化指标不但具有显著的统计意义，而且其统计意义要高于现金收入的变化，由此对 KS 模型做了一些修正，在模型中加入了现金支出的指标，提出一个新的计量模型，用于韩国股票增发的盈余管理研究。该模型描述如下：

$$\frac{NDA_t}{A_t} = a_0 + a_1 \frac{(\triangle REV_t - \triangle REC_t)}{A_{t-1}} + a_2 \frac{(\triangle EXP_t - \triangle PAY_t)}{A_{t-1}} + a_3 \frac{NCASH_{t-1} \times GPPERW_t}{A_{t-1}} \tag{3.12}$$

（3.12）式中 $\triangle EXP_t$:第 t 期的付现经营费用和第 $t-1$ 期的付现经营费用的差额；

$\triangle PAY_t$:第 t 期的应付项目和第 $t-1$ 期的应付项目的差额；

$NCASH_{t-1}$:第 $t-1$ 期非现金支出；

$GPPERW_t$:第 $t-1$ 期的固定资产变动率；

Soon - Gary 模型克服了琼斯模型和修正的琼斯模型的一个最主要缺陷，在模型中加入了现金支出的指标，并证明只用现金收入的变化并不能很好地预测与总应计利润的关系；他们还发现新模型的拟合优度也远高于修正的琼斯模型。但是，Soon 和 Gary 的模型也有一个缺陷，即现金收入和现金支出具有强烈的多重共线性，因此，必须在共线性和省略变量的不利影响之间做出选择。

3.1.2 特定应计利润模型

与总体应计利润检验方法相对应的是具体应计利润的检验

方法。特定应计利润模型的特点是通过一个特定的应计利润或者一组特定的应计利润来建立计算模型，以此来检测是否存在盈余管理。这种方法通常用于研究某个或某些特定的行业，如银行业中的贷款损失准备、产险和意外险保险公司的索赔准备等。

最早运用特定应计利润模型来研究盈余管理的是威尔逊等人（McNichols and Wilson，1988），他们集中研究了利用应收账款坏账准备进行盈余管理的行为。威尔逊等将该模型用于坏账准备这一特定的应计利润，建立期初的坏账准备、上期坏账注销、本期坏账注销、误差项与本期计提的坏账准备之间的关系模型，运用误差项来检测是否存在盈余管理。该模型描述如下：

$$\mathrm{Prov}_t = \alpha_1 + \alpha_2 BgBl_t + \alpha_3 Writeoff_t + \alpha_4 Writeoff_{t+1} + \mathrm{Res}provt \tag{3.13}$$

其中 Prov_t 表示第 t 期的计提的坏账准备，$BgBl_t$ 表示期初的坏账准备，$Writeoff_t$ 为第 t 期的坏账冲销额，$Writeoff_{t+1}$ 为第 $t+1$ 期的坏账冲销额，$\mathrm{Res}provt$ 为第 t 期的估计误差，通过运用 $\mathrm{Res}provt$ 来检测是否存在盈余管理。

后来有多位学者运用这种方法来研究某些特定行业的盈余管理行为。如 Petroni（1992）通过索赔准备这一随意应计利润研究保险公司的盈余管理行为；Beaver 和 McNichola（1998）、Penala（1998）等人通过贷款损失准备这一随意应计利润研究了银行业的盈余管理行为。这种方法研究的范围针对某一具体行业中的某一个或某一组具体的应计项目，因而同一行业下计量盈余管理比应计利润分离法所依据的假设更切合实际，也更可靠。这种方法的缺点是运用这种方法需要研究者对制度背景有深刻的认识，而且由于具体的应计利润项目研究往往局限于小样本或具体的行业和部门，因此研究结果难以推广。

3.1.3 频率分布方法

最近一些实证研究提出了一种新的盈余管理检验方法，通过对报告盈余分布密度的检验来验证盈余管理行为。这些研究假设企业管理层存在为避免亏损和盈利下降而进行盈余管理的动机。该方法假定未管理的盈余大致呈正态分布，如果管理后的盈余明显不符合这一分布形式，就说明公司存在盈余管理。如果公司的确由于避免亏损等而进行了盈余管理，在所选样本的盈余分布图形上就会有所反映，即紧靠盈余为零阈值点（threshold）左边的样本点数（频数）比预期的少，而紧靠阈值点右边的样本点数（频数）比预期的多，通过对这种不连续性的检验来验证盈余管理假设。常用的检验方法是直方图和统计检验。

最早运用频率分布方法来研究盈余管理的是 Burgstahler、Dichev（1997），他们将焦点放在管理后盈余的分布密度上，运用直方图和描述性统计研究了面临报告损失的公司是否通过盈余管理来避免盈余减少或亏损。其研究结果表明，面临亏损的公司盈余管理的频率相当高，公司有动机进行盈余管理以避免盈余减少和避免亏损。

频率分布方法的特点是通过研究管理后的盈余的分布密度来检测公司是否存在盈余管理行为。应用盈余分布模型的一个优点在于研究人员在不需要找出非操控性应计利润组成的情况下，就可以比较好地确定盈余管理的频率。此外，这种模型的一个优点是研究人员能够在这些基础上估计盈余管理的普遍性。但是这种方法的缺点也很明显，这种方法只能评估是否进行了盈余管理，而不能获得盈余管理的方法和程度方面的信息。由于频率分布方法可以避免总体应计利润模型和特定应计利润模型在统计上的一些缺陷，近年来，这种方法的应用逐渐增多。

3.1.4 国内外学者对模型运行效果的评估和对估计误差的评价

上述各种模型有时间序列模型也有截面模型，时间序列模型的回归样本数受到公司历史的限制，而截面模型研究采用的是横向数据，可以有大量的样本，所以截面模型得出的参数一般要优于时间序列模型。自 Defond（1994）之后，大部分学者逐渐采用横截面数据，而不再采用时间序列数据。

模型的演化是一个不断完善的过程，琼斯模型是对简单时间序列模型的改进，琼斯模型在认可惯性的时候，还考虑了企业规模和某些应计项目规模变化的情况，Soon - Gray 模型是对琼斯模型的改进，与琼斯模型最大的区别在于增加了支出变化的影响。此外，国内外学者不断对琼斯模型进行修正和扩展，这些模型被统称为 Jones 族模型。国外学者还专门对以上各种模型的测度效果进行了实证检验比较，但是并没有得出一致的结论。De chow 等使用时间序列数据评估了五个模型：Healy 模型、De Angelo 模型、基于特定项目应计利润模型、琼斯模型和修正的琼斯模型，研究发现，对于随机选择的样本，五个模型都表现出良好的规范性能，但对于经营业绩处于极端位置的样本，五个模型的规范性能都很差，研究表明，操控性应计利润与企业的盈余水平成正比，与经营现金流水平成反比。对比几个模型的检测能力，Dechow 发现，修正的琼斯模型最好，而琼斯模型次之，用这两个模型来检验实际样本的盈余管理行为，原假设都能够被拒绝。Bradshaw 等也选择受到 SEC 公开谴责的企业作为测试样本，使用现金流量表数据，而不是采用资产负债表数据进行研究，得出了与 Dechow 相似的结论。但是，Beneishll 以那些违反公认会计原则的企业为样本评估了修正的琼斯模型的检测能力，研究发现，修正的琼斯模型不能检测到这些企业的盈余管理行为。

Guay 等的研究发现，只有琼斯模型和修正的琼斯模型能够在验证业绩计量假设和机会主义假设时起到一定的作用，其他几个模型与一个随机划分模型相比，它们的作用没有显著差异。但是，即使是琼斯模型和修正的琼斯模型，估计的操控性应计利润也是非常不精确的。Peasnell 等的研究发现，采用横截面数据可以提高模型的检测能力，在控制了潜在的基础变量的影响后发现，只有横截面的琼斯模型和横截面的修正的琼斯模型能够检测到盈余管理，因此他认为横截面模型的检测能力优于时间序列模型。

国内学者也对这些盈余管理计量模型进行了评估。夏立军（2003）针对我国股票市场对截面琼斯模型和 KS 模型为基础调整出的各盈余管理计量模型揭示盈余管理的能力进行了检验，其实证结果表明基本琼斯模型和调整 KS 模型最能有效地揭示出盈余管理，并且修正的琼斯模型并不比基本琼斯模型更好。

国内外文献的研究表明，应计利润模型在估计操控性应计利润时存在大量的估计误差。分析这些模型的估计误差，关键是分析在不存在盈余管理时，非操控性应计利润的性质如何，它与企业的基础经济变量的关系如何。从计量经济学的角度看，将经济模型与经济事项联系起来本身是非常困难的，经济模型是实际经济生活的抽象，不可能完全反映千差万别的经济现象。因此，计量模型存在缺陷是正常的，关键是要看计量模型能在多大程度上反映经济实际。

综上所述，没有完美的可以准确估计盈余管理的模型，而且盈余管理概念本身也需要主观判断，由于国家、区域、行业、规模的差别，很难找到适合所有情况的模型，所以，在具体的研究过程中更多的是结合自身研究的样本来确定或者修改计量模型。基于特定项目的研究虽然可以将盈余管理归因于某个特定项目，使相关的研究成果更具有实际应用价值，但这种方法只适合特定行业（如银行业、保险等），对于一般的公司企业不适合，主要是因为盈余管理往往不是一个或者某个特定的因素在起作用，而是许多相互作用、相互联系的因素起作用。频率分布方法要求时间序列的数据，对于研究者而言需要找到具有长时间积累的数据样本。我国股票市场还属于刚刚起步的新兴市场，历史不长，采用频率分布方法并不特别适合。因而，总体应计利润模型仍然是研究我国股票市场盈余管理的主流模型。但是，针对我国股票市场的特殊情况，国外现有的盈余管理计量模型是否能够有效识别我国上市公司的盈余管理行为？是否需要对这些模型进行调整以适应我国市场的具体情况？这方面的研究文献相对较少。琼斯模型在国内是否适合、效果怎样、如何改进等问题还悬而未决，是迫切需要研究的课题。

3.2 盈余管理实证方法的选择

3.2.1 我国应用盈余管理计量模型应考虑的因素

通常运用应计利润总额法估计非操控性应计利润有两个具体的方法：第一种方法是建立在具体公司基础之上的时间序列估计法，二是建立在行业基础之上的横截面估计法。1991 年琼斯模型使用的是第一种方法即具体公司的时间序列模型。时间序列模型和截面回归模型都依赖于一些特定的假设，而这些假设不一定适合所有的样本公司。时间序列模型假设样本公司的经营周期长短在估计期和事件期保持不变，而且要估计具体公司的参数，要求有一个合理的时间系列，大多数研究要求样本公司至少要有 10 年数据；截面回归模型则假设相同行业中的样本公司具有同样的经营周期，研究者必须剔除没有足够数据系列的公司，可能会导致样本过小，并且样本的代表性也会成问题。而在现实中，这两个假设不一定对所有的公司都成立。特别是在我国，股票市场的存在时间短，而且我国经济又处于转型期，会计和审计准则及相关市场法规制度正处于不断完善阶段，数据的特性在如此长的时期内也不可能保持不变，很难满足建立在具体公司基础之上的时间序列估计的要求。因此，选择时间序列模型、截面回归模型还是其他模型，需要权衡利弊，至于哪种模型更优，则需要进行实证检验。

此外，我国上市公司进行盈余管理时所采用的手段与其他国家有所不同，以下两个方面表现得较为突出：

第一是利用线下项目管理盈余。大多数国外学者在进行盈余管理研究时一般都是通过计量模型分离出非操控性应计利润的方式作为盈余管理程度的代理变量。他们认为大多数企业是采用改变应计项目的方法来进行盈余管理的，并且假设上市公司大多采用的是针对线上项目进行盈余管理行为。但是，从目前国内上市公司盈余管理的手段和方法来看，除了利用应计项目外，线下项目也是盈余管理常用的手法。线下项目（item below the line）中的线是指营业利润，之所以有线上、线下的区别，主要是将公司营业性利润和其他非营业性利润加以区分披露，线下和线上是两个相对的概念。线上指的是主营业务收入、主营业务成本、其他业务利润、期间费用（营业费用、管理费用、财务费用）等，其最终产生的综合结果即为营业利润；而线下项目，则包括投资收益、补贴收入、营业外收支，其最终结果将在营业利润的基础上，产生利润总额。判断大多数公司的盈利能力以及是否能够获得稳定的现金流，观察的重点都是经营性利润，因为这是公司较为稳定、持久并且可预测的利润来源；而线下项目，在大多数情况下，年与年之间并不存在相关关系，它的发生具有时点性，不存在可持续性。

而在我国，上市公司更多的却是利用非经常性损益等线下项目的操纵来进行盈余管理，如可能采用资产置换、重组等方法，或大量采用虚构交易事项等方法来进行盈余管理。这种盈余管理的结果，不仅仅表现在公司经营性应计项目的变化上，更多的表现为较高比例的线下项目。如李东平（2001）及Chen 和 Yuan（1996）指出：由于我国上市公司的会计制度存在较少的会计选择空间，经理人员一般很难通过会计选择的方式进行盈余管理；相反，更多的盈余管理方式表现为大股东与上市公司之间的关联交易或大量虚构的关联方交易。Yuan 等（2007）通过对配股公司的研究发现，这些上市公司会利用非核心利润来进行盈余管理；蒋义宏（2002）也发现非经常性损益是亏损公司用来进行盈余管理的重要工具。因此，琼斯模型等可能会低估上市公司盈余管理的现象和程度。虽然琼斯模型等是确定盈余管理现象是否存在的较成熟方法，但是，在我国新兴的证券市场运用此模型却存在较大的局限性。

鉴于上市公司在进行盈余管理时，线下项目在很多情况下也成了上市公司操纵利润的一个温床，因此，本书考虑将线下项目作为盈余管理测度模型的一个解释变量。

另外，也有研究表明在我国上市公司中期间费用与主营业务收入基本没有相关关系，主营业务收入不能够反映期间费用，所以，上市公司可以利用期间费用进行盈余管理。因此，本书也考虑将线下项目作为盈余管理测度模型的一个解释变量。

3.2.2 盈余管理计量模型的再修正

研究我国新兴证券市场上市公司盈余管理的一个难点是数据的时间序列长度不够。本章 3.1.1 节是从时间序列的角度介绍了盈余管理的 10 种计量模型，而琼斯模型实际上也可与面板数据模型相结合，并且效果优于时间序列。面板数据模型不仅可有效克服上述样本规模过小和结构变动问题，而且较适用于检验历史较短的企业（如刚 IPO 的企业的盈余管理）。下面以扩展琼斯模型为例进行介绍，其他 Jones 族模型原理与此相同。本书采用面板数据的 Jones 族模型为：

$$\frac{TA_{i,t}}{A_{i,t-1}} = \alpha_{1i}\frac{1}{A_{i,t-1}} + \alpha_{2i}\frac{(\triangle REV_{i,t} - \triangle REC_{i,t})}{A_{i,t-1}} + \alpha_{3i}\frac{PPE_{i,t}}{A_{i,t-1}} + \alpha_{4i}\frac{IA_{i,t}}{A_{i,t-1}} + \varepsilon_{i,t} \quad (3.14)$$

Dechow、Sloan and Sweeney（1995）提出了修正的琼斯模型，并把前文所列的前5种模型放在一起研究。实证结果表明，5种模型都能成功探测盈余管理，以修正的琼斯模型效果最佳，De Angelo模型效果最差。从国内来看，我国的证券市场是新兴市场，上市公司经历的时间较短，因此国内学者运用修正的琼斯模型时，大多使用横截面数据代替时间序列数据，实践研究证明也能够取得很好的效果。但是，我们在进行盈余管理计量方法的选择时，不能忽视修正的琼斯模型在实证研究中的缺陷，因此本书根据研究的需要，基于以上分析，在修正的琼斯模型基础上进行如下改进：

（1）在原模型的基础上纳入了无形资产和其他长期资产因素。由于修正的琼斯模型忽视了无形资产和其他长期资产对盈余管理的影响，可能存在低估非操控性应计利润额，高估盈余管理行为。为此本书参考陆建桥模型，在原模型的基础上考虑了无形资产和长期资产这一因素。

（2）在原模型的基础上纳入了线下项目。从目前国内上市公司盈余管理的手段和方法来看，除了利用应计利润外，线下项目也是盈余管理常用的手法。因此在运用修正的琼斯模型时，本书将线下项目纳入修正的模型中。

（3）从我国实际情况来看，操纵期间费用也是盈余管理的重要手段，琼斯模型、修正的琼斯模型只考虑了收入和固定资产的变化，但并没有考虑费用变化对应计利润的影响。Kang和Sivaramakrishnan（1995）指出，上市公司除了可以利用收入和长期费用进行盈余管理外，还可以利用期间费用进行盈余管理。为此本书在原模型的基础上考虑期间费用因素。

根据以上分析，本书提出新的模型，并对其进行检验。新模型 1（E－Jones Model）如下：

$$\frac{TA_{i,t}}{A_{i,t-1}} = \alpha_{1i}\frac{1}{A_{i,t-1}} + \alpha_{2i}\frac{(\triangle REV_{i,t} - \triangle REC_{i,t})}{A_{i,\ t-1}} + \alpha_{3i}\frac{PPE_{i,t}}{A_{i,t-1}} + \alpha_{4i}\frac{Expense_{i,t}}{A_{i,t-1}} + \varepsilon_{i,t} \quad (3.15)$$

其中，$TA_{i,t}$ 为 i 公司第 t 期的应计利润总额，$A_{i,t-1}$ 为 i 公司第 t 期的资产总额，$\triangle REV_{i,t} - \triangle REC_{i,t}$ 为 i 公司第 t 期扣除应收账款变化的主营业务收入变化；$PPE_{i,t}$ 为 i 公司第 t 期的固定资产原值，$Expence_{i,t}$ 为 i 公司第 t 期的期间费用（营业费用＋管理费用＋财务费用），$\varepsilon_{i,t}$ 为残差项。

新模型 2（E－IA－Jones Model）如下：

$$\frac{TA_{i,t}}{A_{i,t-1}} = \alpha_{1i}\frac{1}{A_{i,t-1}} + \alpha_{2i}\frac{(\triangle REV_{i,t} - \triangle REC_{i,t})}{A_{i,\ t-1}} + \alpha_{3i}\frac{PPE_{i,t}}{A_{i,t-1}} + \alpha_{4i}\frac{Expense_{i,t}}{A_{i,t-1}} + \alpha_{5i}\frac{IA_{i,t}}{A_{i,t-1}} + \varepsilon_{i,t} \quad (3.16)$$

其中 $IA_{i,t}$ 为 i 公司第 t 期期末无形资产和长期资产的价值，其他变量定义同（3.15）式。

新模型 3（E－IBL－Jones Model）如下：

$$\frac{TA_{i,t}}{A_{i,t-1}} = \alpha_{1i}\frac{1}{A_{i,t-1}} + \alpha_{2i}\frac{(\triangle REV_{i,t} - \triangle REC_{i,t})}{A_{i,\ t-1}} + \alpha_{3i}\frac{PPE_{i,t}}{A_{i,t-1}} + \alpha_{4i}\frac{Expense_{i,t}}{A_{i,t-1}} + \alpha_{5i}\frac{\triangle IBL_{i,t}}{A_{i,t-1}} + \varepsilon_{i,t} \quad (3.17)$$

其中 $\triangle IBL_{i,t}$ 为线下项目的变动额，$\Delta IBL_{i,t} = IBL_{i,t} - IBL_{i,t-1}$，$IBL_{i,t}$ 和 $IBL_{i,t-1}$ 分别为 i 公司第 t 期和 i 公司第 $t-1$ 期线下项目和，其他变量定义同（3.15）式。

新模型 4（E－IA－IBL－Jones Model）如下：

$$\frac{TA_{i,t}}{A_{i,t-1}} = \alpha_{1i}\frac{1}{A_{i,t-1}} + \alpha_{2i}\frac{(\triangle REV_{i,t} - \triangle REC_{i,t})}{A_{i,\ t-1}} + \alpha_{3i}\frac{PPE_{i,t}}{A_{i,t-1}} + \alpha_{4i}\frac{IA_{i,t}}{A_{i,t-1}} + \alpha_{5i}\frac{Expense_{i,t}}{A_{i,t-1}} + \alpha_{6i}\frac{\triangle IBL_{i,t}}{A_{i,t-1}} + \varepsilon_{i,t} \tag{3.18}$$

式中变量的定义同（3.15）式至（3.17）式。

此外，流动性应计一直是研究盈余管理问题时受到广泛关注的对象。应计项目的产生是权责发生制与收付实现制的差异造成的。在研究盈余管理问题时，应计利润（accruals）是一个受到广泛关注的科目，而流动性应计利润（current accruals，简称 CA）又是应计利润的重中之重，流动性应计的具体计算方法如下所示：

流动性应计（*CA*）＝（流动资产增加额－货币资金增加额－短期投资增加额－一年内到期的长期债券投资增加额）－（流动负债增加额－短期借款增加额－未付股利增加额－一年内到期的长期负债增加额）－财务费用

由以上公式可以看出，如果公司发生具有操纵利润形式的关联购销业务，而这样的业务又不牵扯真正的现金转移的话，直接受影响的将会是流动性应计项目。同时提前或者推后记录销售收入，也会对 *CA* 产生显著的影响。如果在采用 Jones 模型时忽略了流动性应计，仅仅以操控性应计利润作为盈余管理问题的核心，则有可能在研究我国上市公司盈余管理问题时有失偏颇。因此，本书在对盈余管理计量模型进行实证检验时，将流动性应计项目作为公司盈余管理水平的一个指标进行考察。

3.3 研究样本和描述性统计

3.3.1 样本选择和数据来源

为了检验计量模型在研究我国盈余管理的适用性和模型的拟合效果，本书选择2001年12月31日之前在沪市和深市上市的而且目前存在的（没有退市的）全部A股公司为研究样本（包括同时发行B、H股的A股公司），并且按以下原则选择样本：

（1）剔除金融、保险类公司。该行业公司进行盈余管理的方法和手段与其他行业差别较大，将其计入总体分析会造成估计结果的偏差。

（2）剔除部分数据不全或上市不超过一年的公司。

（3）保留以往研究中经常被剔除的ST公司。

经过以上处理，最后得到2002年至2012年的样本公司年度财务数据构成非平衡面板数据样本。样本公司所需的公司财务数据全部来源于CCER经济金融数据库中的我国上市公司财务数据库。

3.3.2 研究样本的描述性统计

上述研究样本的描述性统计如表3.1所示。由表3.1可以看出，样本公司总资产的均值和中位数分别为 173876.94 万元和 165732.77 万元，并且标准差较大，说明我国上市公司与国外上市公司相比总体上规模较小，并且上市公司规模差异较大。总应计利润的均值和中位数分别为 49721.03 万元和 43261.18 万元，流动性应计利润的均值和中位数分别为 37652.86 万元和 81643.38 万元，并且 *CA* 的变化幅度比 *TA* 更大，说明上市公司利用流动性应计利润调整盈余的空间可能更大，手段可能更灵活。线下项目的变动额 $\triangle IBL$ 的最小值和最大值分别为 −23918.34 万元和 43789.17 万元，差别较大，标准差也较大，扣除应收账款变化的主营业务收入的变化 $\triangle REV-\triangle REC$ 的最小值和最大值分别为 −37430.13 万元和 28143.71 万元，标准差同样较大，表明上市公司利用线下项目和应收账款进行盈余管理的程度差别较大，而且调增和调减盈余的方向也有较大差别。由于涵盖了各行业，上市公司固定资产原值 *PPE*、期间费用 *EXPENSE* 和无形资产 *IA* 的差别也比较大。

表 3.1　　　　　　　样本的描述性统计

	N	minimum	maximum	mean	median	Std. Deviation
TAsset	5428	4421.85	1218930.71	173876.94	165732.77	185343.14
TA	5428	12144.69	94767.82	49721.03	43261.18	32911.60
CA	5428	9472.56	612223.54	86396.71	81643.38	97652.82
PPE	5428	1066.92	438971.23	51667.38	50474.82	67482.17
$\triangle REV-\triangle REC$	5428	−37430.13	28143.71	13423.97	14963.17	6895.51
IA	5428	0	616215.59	8105.23	7332.85	13182.39
EXPENSE	5428	31227.18	58768.46	2034.31	2213.71	12421.25
$\triangle IBL$	5428	−23918.34	43789.17	773041.42	685473.37	3234.89
ROE	5428	−0.3312	0.2357	0.0576	0.0324	0.1932

3.4 面板数据模型回归结果及分析

选择进行比较检验的模型为：Jones Model、修正的 Jones Model、陆建桥模型及前文提出的新模型 1 至新模型 4，同时，将总应计利润和流动性应计利润作为模型的被解释变量。由于样本数据为典型的面板数据，对回归结果做了相应的 Hausman 检验，结论是 Jones Model、修正的 Jones Model、陆建桥模型及前文提出的新模型 1 至新模型 4 均拒绝随机效应模型，因此选用固定效应模型，对以上模型分别进行回归，回归结果如表 3.2 所示：

表 3.2　　样本的面板数据模型回归结果

Jones Model						
被解释变量	$TA_{i,t}/A_{i,t}$			$CA_{i,t}/A_{i,t}$		
解释变量	α	t		α	t	
$1/A_{i,t-1}$	1104238.2 *	6.7078	0.0127	1243725.15 *	4.4143	0.0021
$\Delta REV_{i,t}/A_{i,t-1}$	0.0643 *	5.2437	0.0034	0.0643 *	5.2437	0.0005
$\Delta PPE_{i,t}/A_{i,t-1}$	-0.0537	-4.3281	0.0007	-0.0537	-4.3281	0.0001
Overall R^2	0.0767			0.0742		
修正的 Jones Model						
	$TA_{i,t}/A_{i,t}$			$CA_{i,t}/A_{i,t}$		
	α	t	Z	α	t	Z
$1/A_{i,t-1}$	1452104.24 **	7.1245	0.0309	1373242.81	4.4781	0.0067
$(\Delta REV_{i,t}-\Delta REC_{i,t})/A_{i,t-1}$	0.0556 **	6.6492	0.0035	0.0512 *	5.3245	0.0000
$\Delta PPE_{i,t}/A_{i,t-1}$	-0.0423	-3.6512	0.0001	-0.0455	-4.4089	0.0044
Overall R^2	0.0862			0.0759		

续表

陆建桥模型						
被解释变量	$TA_{i,t}/A_{i,t}$			$CA_{i,t}/A_{i,t}$		
解释变量	α	t	Z	α	t	Z
$1/A_{i,t-1}$	1247034. 15*	5. 5968	0. 0048	1298733. 82*	6. 7864	0. 0022
$(\triangle REV_{i,t} - \triangle REC_{i,t})/A_{i,t-1}$	0. 0582*	5. 9795	0. 0000	0. 0510*	4. 4972	0. 0014
$\triangle PPE_{i,t}/A_{i,t-1}$	0. 0423	3. 6512	0. 0000	0. 0634	4. 4862	0. 0043
$\triangle IA_{i,t}/A_{i,t-1}$	0. 00454	1. 3478	0. 1902	0. 00215	0. 7848	0. 2331
Overall R^2	0. 0783			0. 0935		

新模型 1						
被解释变量	$TA_{i,t}/A_{i,t}$			$CA_{i,t}/A_{i,t}$		
解释变量	α	t	Z	α	t	Z
$1/A_{i,t-1}$	1437651. 76	2. 3386	0. 0053	1653482. 22**	4. 3378	0. 0067
$(\triangle REV_{i,t} - \triangle REC_{i,t})/A_{i,t-1}$	0. 0576*	2. 2368	0. 0000	0. 0588**	7. 3653	0. 0005
$\triangle PPE_{i,t}/A_{i,t-1}$	-0. 0423*	-3. 3892	0. 0000	-0. 0337**	-4. 4769	0. 0000
$EXPENSE_{i,t}/A_{i,t-1}$	0. 0385*	6. 8903	0. 0003	0. 0326**	6. 6726	0. 0012
Overall R^2	0. 0972			0. 0882		

新模型 2						
被解释变量	$TA_{i,t}/A_{i,t}$			$CA_{i,t}/A_{i,t}$		
解释变量	α	t	Z	α	t	Z
$1/A_{i,t-1}$	1358764. 33*	3. 3893	5. 6741	1132896. 47*	4. 4098	6. 8903
$(\triangle REV_{i,t} - \triangle REC_{i,t})/A_{i,t-1}$	0. 0684*	9. 4899	0. 0000	0. 0551*	8. 4774	0. 0013
$\triangle PPE_{i,t}/A_{i,t-1}$	-0. 0616	-5. 6734	0. 0000	-0. 0532*	-2. 0328	0. 0084
$EXPENSE_{i,t}/A_{i,t-1}$	0. 0542*	3. 5238	0. 0003	0. 0374*	4. 2173	0. 0065
$IA_{i,t}/A_{i,t-1}$	0. 0043	1. 2470	0. 1413	0. 00383	1. 3921	0. 6005
Overall R^2	0. 0954			0. 0782		

续表

新模型 3						
被解释变量	$TA_{i,t}/A_{i,t}$			$CA_{i,t}/A_{i,t}$		
解释变量	α	t	Z	α	t	Z
$1/A_{i,t-1}$	1274765. 22 **	2. 2347	0. 0003	10935751. 24 **	7. 3342	4. 3754
$(\triangle REV_{i,t} - \triangle REC_{i,t})/A_{i,t-1}$	0. 0525 **	4. 4796	0. 0078	0. 0543 **	8. 1756	0. 0000
$\triangle PPE_{i,t}/A_{i,t-1}$	-0. 0476 **	4. 1927	0. 0529	-0. 0653 **	5. 6638	0. 0000
$EXPENSE_{i,t}/A_{i,t-1}$	0. 0213 **	3. 4991	0. 0010	0. 0245	4. 4765	0. 0037
$IA_{i,t}/A_{i,t-1}$	0. 0041 **	0. 7853	0. 8324	0. 0029 **	0. 8615	0. 7112
$\triangle IBL_{i,t}/A_{i,t}$	0. 0502 **	2. 2215	0. 0014	0. 0438 **	5. 5732	0. 0043
Overall R^2	0. 1167			0. 1263		
新模型 4						
被解释变量	$TA_{i,t}/A_{i,t}$			$CA_{i,t}/A_{i,t}$		
解释变量	α	t	Z	α	t	Z
$1/A_{i,t-1}$	1413642. 18 *	2. 3047	0. 0013	1264843. 51 *	3. 3847	0. 0032
$(\triangle REV_{i,t} - \triangle REC_{i,t})/A_{i,t-1}$	0. 0642 *	5. 4347	0. 0002	0. 0546 *	6. 6253	0. 0000
$\triangle PPE_{i,t}/A_{i,t-1}$	-0. 0426 *	-7. 2232	0. 0000	-0. 0237	-3. 3471	0. 0017
$EXPENSE_{i,t}/A_{i,t-1}$	0. 0516	3. 3781	0. 0026	0. 0424 *	5. 6783	0. 0007
$\triangle IBL_{i,t}/A_{i,t}$	0. 0551 *	4. 4782	0. 0004	0. 0505 *	4. 4783	0. 0018
Overall R^2	0. 1283			0. 0932		

注：*，** 分别表示在 10% 和 5% 的水平下显著。

由表 3. 2 所示的各模型回归结果可以得出以下结论：

（1）以上模型对盈余管理都具有一定的解释能力，从国外文献所得的结果来看，基于总体应计模型的时间序列回归结果，整体的 R^2 在 2% ~8% 之间，本书采用面板数据回归模型，在 CA 数据组的新模型 4 所得整体的 R^2 最小，为 0. 0663；在 TA 数据组的新模型 3 所得整体的 R^2 最大，为 0. 1283，均高于国外文献的拟合效果，不仅说明各模型从整体上是能够识别以操控性应计利润代表的盈余管理，采用面板数据回归模型能够充分利用我国股市的市场信息，提高模型的拟合优度，而且说明可以同时选用总应计利润和流动性应计利润所对应的可操控性应计利润和流动性可操控应计利润作为我国上市公司盈余管理程度的代理变量。

（2）从 *TA* 数据组和 *CA* 数据组的回归效果来看，除了在陆建桥模型下采用 *CA* 作为应计利润指标的拟合优度大于采用 *TA* 作为总应计利润指标的拟合优度外，采用 *TA* 作为总应计利润指标的盈余管理计量模型拟合效果略优于采用流动性应计利润 *CA* 的拟合效果，而且采用 *CA* 作为被解释变量的面板数据模型系数总体看来也较为显著。因此，本书同时选取 *TA* 和 *CA* 作为应计利润指标研究我国的盈余管理问题。

（3）陆建桥模型中加入“无形资产和其他资产”这一解释变量的回归效果并不理想，$IA_{i,t}/A_{i,t-1}$ 在 *TA* 和 *CA* 两组回归下均未通过 t 检验，在新模型 2 中，$IA_{i,t}/A_{i,t-1}$ 对应的回归系数同样不显著，而且加入 $IA_{i,t}/A_{i,t-1}$ 模型的拟合效果变化不大。由此说明无形资产和其他资产变量与总的应计利润相关性不大。这可能是由于我国上市公司中无形资产和其他资产本身绝对量和相对比重就不高，因此它们对应计利润总额的影响相应也就微乎其微；此外，也可能是因为我国上市公司很少利用无形资产和其他资产的摊销进行盈余管理。新模型 3 和新模型 4 相比较，加入解释变量 $IA_{i,t}/A_{i,t-1}$ 反而使模型的解释能力下降。因此，本书在选取的新模型中将不包括“无形资产和其他资产”这一自变量。

（4）从新模型 1 的回归结果可以看出，加入期间费用作为解释变量可以明显提高模型的解释能力，期间费用与总应计利润高度相关，说明利用期间费用是我国上市公司进行盈余管理的主要手段之一。

（5）将新模型2与新模型3的回归结果进行对比可以看出，加入线下项目变量作为解释变量，剔除无形资产和其他资产这一变量，可以明显提高模型的解释能力，线下项目变量与总的应计利润高度相关。这说明在2007年的新会计准则实施之前，采用线下项目调节利润是我国上市公司进行盈余管理的主要手段之一。

综上所述，在以上模型进行比较后，本书认为新模型4的回归效果最好，对我国上市公司的盈余管理行为的量度最优，因此本书将在以后各章中采用新模型4对盈余管理进行量度。

3.5 本章小结

本章首先在对盈余管理实证模型进行综述，分析总体应计利润模型中主要模型和特定应计利润模型及频率分布方法的优缺点和适应性，在对各模型进行总结的基础上，结合国内外文献和我国上市公司进行盈余管理的主要手段，提出适合我国上市公司盈余管理量度的4个新模型，然后选取2002～2012年我国上市公司数据，对以往主要模型和4个新模型进行实证检验。结果发现，新模型4既考虑了我国上市公司盈余管理的实际情况，模型拟合程度也比较好，因此在第四章、五章、六章的实证研究中拟选用新模型4进行分析。此外，本章实证研究还表明，可以同时选用总应计利润和流动性应计利润所对应的可操控性应计利润和流动性可操控应计利润作为我国上市公司盈余管理程度的代理变量。

第四章

上市公司股权结构与盈余管理

4.1 引　言

所谓股权结构（equity ownership structure），又称为股本结构，是指某一公司总股本中各种不同性质股东的权益构成和分布状况。股权结构对公司治理结构的模式选择、公司治理结构的组织形式及公司治理结构的效率都有重要影响。由于公司治理是企业盈余管理的主要制约因素，股权结构又是公司治理的基础和重要组成部分，因此股权结构对盈余管理有一定的影响。国内以前的文献对股权结构与盈余管理之间的关系未从经济学角度作详细的研究，本章的目的就是深入研究两者之间的关系。

一般认为，股权结构包含两层含义：一是股权集中度，表现为股东的持股比例，如第一大股东持股比例和前十大股东持股比例；二是股权构成，即国家股股东、法人股股东和流通股股东各自所持股份占公司总股份的比例。前者说明股份持有者的特性，是股权结构质的体现，而后者说明股权集中或分散的程度，是股权结构量的体现。

从第一层含义上说，股权结构有三种类型：一是股权高度集中型，表现为第一大股东持股数量很大，一般要求拥有公司50%以上的股份，基本上处于绝对控股地位，其他股东持股数量较少。在这种类型的股权结构下，一方面，控股股东行使权利的积极性很高，能够积极参与公司的治理，对经营者进行有效的监督，促使经营者的行为取向与股东的利益一致；另一方面，小股东因为持股份额过小，没有足够的能力和动力去监督管理者的行为。这样，大股东失去了来自其他股东的有利约束和制衡，使其可以对经营者进行高度干预，容易造成“内部人控制”问题的产生或迫使经营者与之合谋，共同损害小股东的利益。二是股权相对集中型，这种股权结构是指公司中拥有若干个持股比例相近的大股东的存在，其余股份由众多的小股东分散持有。这种结构在股东之间形成了一种有效的相互制衡机制，解决了股东的激励和约束问题，相对大股东适度参与公司的经营管理，能在一定程度上避免大股东的非理性行为，从而大幅度地降低委托代理关系下的效率损失，有利于公司绩效的提高。三是股权高度分散型，这种类型的公司拥有大量股东，股东持股比例较低，持股数量接近，单个股东的作用非常有限，不存在控股股东。这种股权结构可以避免高度集中型下股东行为的两极分化，又可避免因个别大股东“一股独大”而对公司绩效产生负面影响。但是，过度分散的股权会使，股东行使权力的积极性受到抑制，容易产生小股东“搭便车”行为，由此使公司的控制权掌握在经理手中，造成严重的代理问题。

股权结构的第二层含义是股权构成，即各个不同背景的股东持有股份的多少。一般来说，从股权结构与经营绩效研究的角度看，股权构成指的是国家股股东、法人股股东和流通股股东各自所持股份的多少。国家股，指有权代表国家行使资产管理权利的政府部门或机构，以国有资产投入公司所形成的股份；法人股，指法人以其依法可支配的资产投入公司所形成的股份，一般将国家股和国有法人股统称为国有股；流通股，分为流通 A 股、B 股、H 股、N 股和 S 股。

不同的股权结构模式对应不同的治理结构模式，以英美为代表的分散股权结构模式对应着“公司控制市场主导型”治理模式，而以德日为代表的股权集中结构模式对应着“银行控制主导型”模式（冯根福，2004）。国内学者（李常青、管连云，2004；许波，2005 等）普遍认为我国上市公司治理结构的主要问题在于股权结构不合理，国有股一股独大。因此，研究股权结构与盈余管理的关系是研究公司治理与盈余管理关系的重要一环。

4.2
我国上市公司股权结构总体特征

与其他国家的上市公司相比，我国上市公司的股权结构具有鲜明的特征，主要有以下几个方面：

1. 股权结构复杂，股票种类多元化

从我国股市产生至今，多元化色彩一直是我国上市公司股权结构的重要特点之一。我国上市公司绝大部分脱胎于原国有企业，后来在发展中才逐渐吸收了一批民营企业，为了搞活国有企业和保持国有经济的主体地位，国家政策不仅对国有企业上市进行大力扶持，而且要在上市公司的股权结构中保持国有经济的控股地位，因此形成了上市公司之间个性差异较大的局面，既有老牌大型国有企业，又有新兴民营中小企业。发展历史的特殊性加之复杂的上市公司构成，使得我国股市的股权结构呈现出独特性，股票的种类方面显现出多样化的色彩，不仅从整体上可分出流通股与非流通股的区别，而且在具体类别的划分方面也较为细致。

股权结构的多元化首先体现为股票发行种类较多。从股市整体来看，我国的上市公司既有 A 股、B 股和 H 股之分，又有国家股、法人股、内部职工股、转配股之分，形成了股权多元化的格局，尤其是国家股、国有法人股、境内法人股、A 股和外资股，它们共同影响着股权结构的总体情况和变化态势。A 股、B 股、H 股虽然可以流通，但各自存在不同的价格，且三种市场起初处于分割状态。国家股和法人股则不能自由流通，其协议转让价格远远低于同一公司的 A 股价格，违背了股票同股同价、同股同利、同股同权的本质。从个股情况来看，沪深两市的多数上市公司都同时发行多种股票，而且不同种股票流通转让规则各不相同。我国股市中的各类股票根据流通性区分为流通股与非流通股，国有股、法人股、内部职工股和转配股等非流通股不能在证券市场上自由流通转让。除此之外，不同类股票的交易市场也处于分离状态，有着各自的流通与转让规则。在流通股中，A 股、B 股、H 股等因流通市场的不同而彼此处于分割状态，分别在不同交易渠道流通，各自遵循所在市场的交易准则，由市场来决定价格，同一家公司发行的 A 股、B 股、H 股等常有不同的流通价格。在非流通股中，内部职工股和转配股的上市流通须符合相关法规政策中的时间、额度等规定；国有股和法人股则不能上市交易，国家股东和法人股东转让股权须在法律许可的范围内。A 股、B 股和 H 股虽然均能在证券交易所上市交易，但三种股票却因流通的市场不同而彼此处于分割状态，价格不同，甚至受监管的法律都不相同。其协议转让的价格也是远低于同一公司的 A 股价格，并且，同种类股票的持股主体拥有的权利亦不相同。这种人为的股权分置状况不利于我国资本市场的规范发展。

2. 股权结构失衡

首先是非流通股与流通股比例不均衡。股权分置改革前，非流通股的规模较大、比重较高是我国股市股权结构的一大特色。由国有股和法人股构成的公有股不能上市流通，而处于被人为锁定的凝固状态。这就意味着，占主导地位的股份不具有流通性，可流通的只有处于从属地位的社会公众股，而这部分流通股所占的比例是相当少的。为保持对上市公司的国家控制权，国家做出了国有股暂不上市流通的初始制度安排，而且法人股、内部职工股在一定年限内也不得在市场流通。这种制度安排在保证国有控股地位的同时，也造成了我国股市的二元结构，即纯粹市场化的流通股市场和非市场化的国有股市场。截至 2013 年 11 月，在深沪两地上市的上市公司已达 2488 家，股票上市总股本为 40292. 48 亿元，股票发行总股本 38395 亿元，其中流通股 31339. 6 亿元，股票成交金额 314667. 4 亿元。

从中可以看出，无论是股本量还是股本市值，流通股在股本总额中都占有较大的比重。但在2006年之前，非流通股占比较大，由于国有股具有很强的非流通性，在总股本中所占的比例相当大，因此，国有上市公司股权结构的失衡情况比较严重。

其次是各类股票比例不均衡。虽然根据股权持有人可以将股票分为多种类型，使得我国股市具有了多元化的色彩，但是考察各类股权所有人所持股份，又会发现我国股市中国有股、法人股和A股是相对比重较大的股份，它们占到了过去十年两市发行股票总数的95%左右。近年来，我国股市股权越来越集中于上述三类股份，国家、法人、境内机构和个人成为证券市场中主要的所有权人。

最后是股权过于集中，国有股“一股独大”。股权高度集中是我国上市公司股权结构的突出特征之一（郭春丽，2002）。我国大多数上市公司是在改革开放初期由国有企业经过股份制改造而设立的，从产生之初，我国股市便形成了向国有股高度集中的股权结构。经过多年的发展，我国上市公司股权结构发生了一些变化，国有股的比重略微下降，但它依旧是我国股市中最多的一类股份。由于作为投资者的初始委托人“全民”缺位，国有股股份过大，又没有形成对国有资产的约束和监督机制，势必造成“内部人控制”严重。再者，上市公司股权过度集中于国有股，不仅使中小股东无权或无力参加股东大会，不能行使自己的表决权，从而损害了他们的权益，助长了大股东操纵股票市场的投机行为；而且大股东在公司中的绝对或相对控股，使股东大会形同虚设，违背了现代公司产权主体多元化和股权相对分散的要求，无法形成有效的公司治理结构。

3. 机构投资者匮乏

机构股东对于维护资本市场的稳定，有效地进行公司治理，保护全体股东的合法权益有着相当重要的作用。机构股东持有的股票份额一般都较大，当公司经营业绩不好时，并不能很容易地将手中的股票及时卖出，一旦他们决定出售股票，仅出售行为的本身就会给股票市场造成巨大的冲击，这就在客观上迫使机构股东长期持有股票。所以，机构股东对其投资的公司不能单纯地通过股票的转让来进行治理，而是通过诸如对董事的选任、经营者的激励及监督、重大事项的表决等手段来发挥其重要的治理作用，从而强化所有权对经营权的直接控制。然而，我国证券市场中的机构投资者目前仅包括社保基金、证券投资基金等形式，还不能使机构投资者的作用得到充分发挥。

4. 经理等高管人员持股比例较低

如果公司高级管理人员拥有公司一定量股份，公司的价格增减对他们的影响就会很大，因此，持股较多的管理者比持股较少的管理者更有可能努力工作，并且在进行投资评价时做出更恰当的投资决策。但是，我国企业经理人员持股比例普遍很低，上市公司并没有把持有本公司股票作为对经理人员的一项长期激励机制。

4.3 理论分析与研究假设

由于我国股权结构最主要的特点是国有股“一股独大”，并且大部分股票不能在市场上流通转让，因而关于公司内部治理、股权结构研究最主要的区别就是由于具备这些特殊的特性而使得国内的研究结果具有一定的特殊性。李维安、唐跃军（2005）通过实证证实：当前我国的资本市场尚不成熟，使得董事会治理缺乏外部治理机制；国有股“一股独大”且事实上的所有权虚置，缺乏战略投资者，导致大股东治理弱化；内部董事间的相互监督和经理人持股的激励效应都不强，从而使得董事会治理缺乏必要的目标导向和动力，“内部人控制”现象严重。孙永祥、黄祖辉（1999）的实证结果证实了 Morck 等人研究指出的“协同效应”和“侵害效应”，在持股比例逐步增加的过程中，大股东的利益与公司利益产生协同效应，使得第一大股东与公司目标更加一致；而当持股比例超过一定数量时，第一大股东的持股比例带来的表决权大于现金流量的要求权时，第一大股东会利用所拥有的权利去获得更多的私人利益，而这种利益的获得是以侵害公司的价值（其他中小股东的价值）为代价的。信息披露、盈余管理是大股东侵害公司利益或中小股东利益的一种常用的手段，因此，我们需要研究第一大股东持股比例与财务信息披露、盈余管理之间是否也存在这种关系。股权集中度如果仅仅只讨论第一大股东持股比例对相应问题的影响是不全面的，另一个不容忽视的问题是股东之间的利益关系。在我国，股权非常集中，第一大股东往往会利用其控制权将上市公司“掏空”，而其他股东很难对这种行为实施有效监督。如果公司具有一个较有影响力的第二大股东，可能会使这种代理成本有所减轻。陈信元、汪辉（2004）通过建立模型研究了第二大股东对第一大股东的监督是如何影响公司价值的，他们实证研究发现：我国股权比较集中，但能形成股东制衡作用的公司比例仍比较小；股东制衡公司的第一大股东和第二大股东的性质多为法人股，而且股东制衡公司的公司价值显著高于联盟型。此外，他们发现股权性质会影响股东制衡的效果，第二大股东性质为法人股的公司比第二大股东为国家股的公司能起到更好的监督作用。关于我国特有的股权结构即流通股和非流通股的问题，吴江、阮彤（2004）通过实证发现：在股权分置结构下，非流通股股东与流通股股东的价值目标、股东行为呈现明显的差异性，甚至是对立状态。

关于公司股权结构与盈余管理或者财务舞弊关系方面，国内学者刘立国、杜莹（2003）通过对我国股票市场被证监会处分的25家财务舞弊上市公司为样本的实证研究发现：股权集中度与财务舞弊负相关，法人股比例、执行董事比例、内部人控制度与财务舞弊的可能性正相关，流通股比例则与之负相关。此外，如果公司的第一大股东为国资局（委），公司更可能发生盈余管理甚至财务舞弊。李常青、赖建清（2004）进行的实证研究表明，管理层持股比例与盈余管理大小负相关，国家股比例、法人股比例和流通股比例与盈余管理大小关系不显著。

从文献回顾中可以看出，内部治理结构中最主要的因素是股权结构，分析股权结构一般都是从股权集中度和股权的组成成分两个角度来研究。考虑到股权分置改革前我国存在大部分的非流动股权，因此本章从股权集中度、股权组成成分、股权流动性三个方面分析股权结构与盈余管理的关系。

4.3.1 股权集中度与盈余管理

1. 第一大股东持股集中度

关于股权集中度与盈余管理的关系的研究，Morck（1988）分析了两个效应：协同效应和侵害效应给后来的学者研究股权构成比例（股权集中度）与企业价值或盈余管理问题的关系提供了一条清晰的理论思路。无论是企业绩效（价值）还是盈余管理都可以从这个角度来理解。按照 Morck 的两个效应原理，前阶段是协同效应，即随着第一大股东持股比例的增长，第一大股东的价值函数与公司的价值函数趋于一致，使得公司价值最大化。后阶段，当第一大股东持股比例超过一定比例后，第一大股东拥有的投票权超过现金流量要求权后（控股或相当于控股），第一大股东的价值函数与公司价值就不一定一致，第一大股东的行为就会导致最后公司价值总体上不是最优。Shleifer 和 Vishny（1989）认为股权集中在某些大股东手中，他们会有较大动力去监控管理者，使企业绩效提高，增加企业价值；但他们同时又指出，当股权达到一定比例后，大股东对企业拥有了超过其股权比例的控制，往往会通过内部交易侵害小股东的利益。

国外学者全面分析一个国家或地区的股权结构与盈余管理的关系，是以第一股东持股比例或者股权集中度等单独变量进行，主要的原因是国外的股权结构与我国股权结构相比较为简单相对简单。我国学者的相关研究相对较少，而且在研究方法上面缺乏规范性。李常青、管连云（2004）在股权结构与盈余管理的实证研究中使用横截面琼斯计量模型，在方法上缺乏严谨的样本选择程序，其他学者也大多使用横截面琼斯计量模型，缺乏对我国上市公司历史数据的利用。

2. 第二至第十大股东持股集中度

在我国股票市场中，还应考虑第一大股东外的其他股东持股比例及集中度在公司治理中的作用。虽然第一大股东在上市公司中处于绝对支配地位，但其他大股东持股集中度使第一大股东面临控制权之争，客观上可以提高上市公司的治理效率，其他股东的持股比例越大，这种效果越明显。因为随着其他股东持股比例的增大，他们会详细审查上市公司的财务报告，增加盈余管理被公开的概率，从而对第一大股东的盈余管理程度和掠夺行为形成一定的约束和限制。通过第二至第十大股东的持股集中度可以度量作用于第一大股东盈余管理行为的约束能力。因此，除最大股东外的其他大股东持股集中度与盈余管理存在重要的联系。

Johnson，La Porta 等学者（2000）认为，股权高度集中（如只存在一个终极所有者的情况）是亚洲公司治理较差的主要原因之一。控股股东侵犯小股东的能力与他们控制公司的程度直接相关。结合我国大股东持股特点——我国股权比较集中，但能形成股东制衡作用的公司比例仍比较小（陈信元、汪辉 2004）。上市公司“一股独大”的股权结构会造成权力制衡失控，由于大股东在股东大会中的控制力，从而操纵了董事会的选聘权。当大股东与中小股东的利益相突时，大股东往往会牺牲中小股东的利益。例如，通过操纵盈余获得较高的配股价格，以此从中小股东处获得更多的资金。在我国尚不具备有效的控制权市场前提下，中小股东无法通过“用脚投票”机制制约大股东的机会主义动机，其公司中的利益只能依靠“用手投票”机制来维护，中小股东股权比例越高对大股东的约束越强。据此，结合以上分析，我们提出如下研究假设：

H4.1：盈余管理与第一大股东持股比例呈倒U型关系。在持股比例较少时抑制盈余管理，与盈余管理正相关，超过一定比例后与盈余管理负相关。

H4.2：第二至第十大股东持股比例之和与上市公司盈余管理程度负相关。

4.3.2 股权组成成分与盈余管理

1. 国有股比例与盈余管理的关系

我国股票市场的股权构成较为复杂，国外学者关于股权组成成分与盈余管理的研究基本上都是基于董事会成员持股、高层管理层持股比例与信息披露或盈余管理的关系，也有少数研究对象为国有股持股比例，而我国股票市场股权组成成分类别较多，使得国内学者的研究对象范围更为广泛。国有股东的属性特点决定了其不可能成为真正履行股东权力的控制主体。从经济学意义上来说，国有股东所代表的是一种公共财产，在上市公司的内部制度安排中，国有股东代表虽然具有剩余控制权，但却并不享有相对应的剩余索取权，权力错位的结果必然是激励不足（张维迎，1997）。国有股东代表由于其身份首先是国家的行政官员，而后才是股东，所以对其而言最大的激励应该是仕途的晋升，而不是在上市公司经营管理中得到的薪酬和成就感。正因为如此，国有股东代表在履行股东职能的时候，其行为动机必然是以政治利益最大化为出发点，而偏离股东经济利益最大化。这导致了在职经理人员的严重自利或机会主义行为。所以，从信息披露的角度来看，国有股所占比例越大，信息披露治理越差，盈余管理的可能性越大。

2. 法人股比例与盈余管理的关系

法人股代表的不仅仅只有国家资本，更多的是民营资本和集体所有的资本，还有许多属于专家理财机构（基金等），并且法人股东有监督经理层的能力，可以派代表进入公司的董事会，更进一步看，法人股基本上不能流动，其需要的是长期的投资价值，而并非短期的，因而法人股被认为是有能力而且有压力要去监督管理层是否很好地经营公司。从信息披露角度来看，法人股东更有能力和动力去监督管理者进行信息披露的操纵，从而抑制盈余管理的产生。

由于各个法人拥有自身独立的利益，同时由于法人股所代表的资本有相当一部分是私人资本和集体所有的资本，因此法人股对企业监控的积极性要高于国家股股东（或其委托人）；又由于法人股东持有股份数往往都较大，他们有动力对管理层进行监督，一般不会像中小股东一样“搭便车”。法人股很多都是非流通股，这就限制了他们采取“用脚投票”和短期炒作，他们不得不关注企业的中长期发展情况，对企业的监督比较有效。王宏昌（2007）发现法人股比重与公司业绩显著正相关，对公司治理有利影响越大。国内大多数研究人员把法人股东看成是典型的机构投资者，所以对法人股东行为的研究参照了国外对机构投资者研究的结论。国外文献有比较多的相关研究。在研究了法人股东的行为后，结合我国上市公司的实际情况可以认为，法人股东有更高的积极性去监督经理人员。积极性来源于以下几个方面：法人股代表的资本不仅仅只有国家资本，更多的是民营资本和集体所有的资本，还有许多属于专家理财机构（基金等），法人股东对管理层所承担的风险要大于国有股东的委派人的风险；法人股东有监督经理层的能力，法人股东派代表参加公司董事会，有能力了解公司内部信息及营运情况，而且由于所占股权份额较大，不会产生小股东的“搭便车”行为；法人股现在还不能上市流通，流通股持有者大多不会以追求市场短期价差为目的，而更关注公司中长期的发展状况。寻求长期资本回报决定了法人股东有更强的监督经理人员的动机。

由以上分析，我们提出如下假设：

H4.3：盈余管理与国有股持股比例正相关；盈余管理与法人股持股比例负相关。

3. 高管持股比例与盈余管理的关系

在国外学者研究文献中，基本上认为管理层持股会有利于公司价值最大化。按照 Jensen 和 Meckling（1976）的观点，管理层持股可以加强其与公司价值的一致性，减少代理成本。Sharon 等（1995）也指出，当管理层持股数增多时会降低代理人成本，从而减少盈余操纵的可能性。另外，也有文献认为管理层持股也有可能使管理层有动机通过操纵盈余来获得股票收益。Wacld 等（1995）发现经理层持股比例的增加能够提高盈余信息含量和价值相关性，可操控性应计利润与经理层持股比例之间具有负相关关系。而在我国，第一大股东能够控制高层管理人员，较高的管理层持股意味着管理层的利益与控股股东的利益更加一致，大股东的盈余管理行为更容易得到管理层的支撑与合作。Zabihollah（2005）指出管理层持股对于财务报告欺诈是个很重要的因素。但是，由于我国上市公司绝大部分都是从国有企业改制而来，而且在目前我国上市公司中的高管都是派遣制，真正的职业经理人较少，高管持股比例无论是数量还是普及范围还是非常有限的，这些高层管理者的最大目标是完成上级的任务，而上述公司经济利益最大化是次要目标。而且高管的股票买卖受到一定的管制，在股票市场上获利的动机相对不强。

由以上分析，本章提出如下研究假设：

H4.4：高管持股比例与上市公司盈余管理程度正相关。

4.3.3 盈余管理与股权流动性的关系

从理论上讲，流通股股东可通过参加股东大会投票选举和更换董事会成员来对公司管理层实施监控。同时，比较高的流通股比例使得公司被接管的可能性增大，从而对公司在位的经营者威胁较大，因为接管通常会导致管理层更替。但是，流通股对公司治理结构产生有利影响的一个前提就是要有一个充分发达的市场环境。股权分置改革前，我国股票市场最大的特点就是股权分置问题，就是存在约 1/3 的流通股和大约 2/3 的非流通股，并且国有股绝大部分属于非流通股。这种情况导致流通股股东关心股市不关心经营，大股东关心经营而不关心股市，二者缺乏共同的利益基础，非流通股股东与流通股股东的价值目标、股东行为呈现明显的差异性，甚至是对立状态（吴江、阮彤，2004）。由于目前我国证券市场还不成熟，投机气氛较浓，大部分流通股分散于中小投资者手中，“搭便车”现象比较严重，“搭便车”的行为主要反映为股东大会的中小股东极低的出席率和股票市场的高流转率（Xu 和 Wang, 1999）。综上所述，虽然流通股股东可以“用脚投票”来约束管理者的机会主义，但由于我国企业流通股比例较低，加上证券市场不发达，流通股股东对管理层和大股东的监督是极为有限的，不一定能有效减少管理者操纵会计信息来影响契约参与主体的利益。

虽然我国上市公司中流通股比例偏低，流通股股东难以通过股东大会左右管理层行为，但他们却是唯一可随时“用脚投票”的股东。在无法直接“用手投票”的前提下，他们可“用脚投票”，抛售或拒绝购买上市公司的股票。这种约束力量会对内部人或者管理层产生一定的制约作用。对于公司的信息披露，流通股股东同样会对管理层进行盈余管理产生相应的制约作用，并且随着流通股比例的提高而产生的效果也会明显。

因此提出如下假设：

H4.5：盈余管理与流通股持股比例负相关，即流通股股东持股比例越大，越容易抑制盈余管理行为。

4.3.4 上市公司发行 B 股、H 股与盈余管理

在我国，对上市公司会计报表审计鉴证的公允性一直存在质疑，原因是多方面的，既有审计人员自身素质的原因，也有事务所独立性方面的原因，结果是经事务所审计的上市公司会计造假事件仍然不断，已经成为证券市场一大公害。因此，提高审计质量成为抑制会计信息造假的重要措施。相对而言，如果上市公司发行 B 股或者 H 股在香港证券交易所筹集资本，必须经由国际上认可的会计公司审计其财务报表。由于国际事

务所独立性相对国内事务所较强，一定程度上减少了上市公司的盈余操纵问题。H 股和 B 股大多向外国投资者开放。企业发行 H 股或者 B 股必须采用国际会计准则，而且必须由国际认可的会计公司审计财务报表。一般来说，发行 H 股或者 B 股的上市公司面临来自投资者更加严格的监督，这些公司的管理受到富有经验的投资者的更多监察，因此，它们进行盈余管理和隧道挖掘的可能性较小。

据此，我们提出如下研究假设：

H4.6：上市公司发行 B 股、H 股与盈余管理程度负相关。

4.4
数据来源和变量选择

4.4.1　数据来源

本书采用 2002 年至 2012 年在上海和深圳证券交易所上市的全部上市公司年度数据，按以下原则选取样本：（1）剔除金融、保险类公司。该行业公司股权结构等公司治理特征与其他行业差别较大，将其计入总体分析会造成估计结果的偏差。（2）剔除 2005 年和 2006 年完成股权分置改革的上市公司，这些公司由于股本流通性的变化可能会引起大股东的变更。（3）剔除资产负债率为负的公司和部分数据不全或上市不超过一年的公司。（4）保留以往研究中经常被剔除的 ST 公司。最后得到 2002 年至 2006 年的样本公司数分别为 948 家、981 家、1055

家、1079家和1183家，构成非平衡面板数据样本。本书数据主要来源于CCER经济金融数据库中的一般上市公司财务数据库和公司治理数据库，部分数据不完备的信息主要来自证监会网站（www.csrc.com.cn）。面板数据模型的估计使用stata9.0统计软件。

4.4.2 变量选择和定义

本章对股权结构变量的实证检验从股权持股比例（集中度）、股权构成成分、股权流动性三个维度来进行。持股比例方面的指标选择第一大股东持股比例、第二至第五大股东持股比例之和；股权构成成分方面的指标选择了国有股比例、法人股比例、高级管理人员持股比例、内部职工持股比例四个股权结构变量；股权流通性方面的指标为流通股持股比例。

具体来讲本章研究的变量主要包括被解释变量（盈余管理代理变量）、解释变量（股权结构变量）和控制变量三部分。为了验证上述假设，本节将设定以下变量：

1. 被解释变量（盈余管理代理变量）

依据第二章结论，首先采用新模型4，以总应计利润 *TA* 和流动性应计利润 *CA* 为被解释变量，得到对应的可操控应计利润 *DA* 和 *CDA*，取绝对值后（记做 *Abs*(*DA*) 和 *Abs*(*CDA*)）作为盈余管理程度的代理变量。

2. 解释变量

TOPSHARE：第一大股东持股比例，这个变量可以度量最大股东在公司的利益及其在董事会的权力。

*SHARE*2 - 10：第二至第十大股东持股集中度，用以度量其他股东对大股东的约束能力。也可以衡量其他大股东挑战最大股东的可能性，该值越大表明第一大股东受到其他股东的挑战也越大。*SHARE* 2 - 10 定义为：

$$SHARE2-10=\sum_{2}^{10}\left(\frac{S_n}{S}\right)^2 \tag{4.1}$$

*SHARE*2 - 10 是第二至第十大股东持股集中度的赫芬德尔指数，这里 S_n 为第 n 大股东所持有股票数，S 为所有发行在外的股票数，这个变量刻画了合作控制市场的可能性。

TOPEXECSHARE：高级管理层持股比例，即包括 CEO、副执行董事、董事会主席和副主席在内的高层管理人员所持有的股份之和占总股份的比例。*TOPEXECSHARE* 度量了高管人员在公司的利益。

SHN：国有股占总股本的比例。

SHE：法人股占总股本的比例。

SL：流通股占总股本的比例。

HBSHARE：本章构造了虚拟变量 *HBSHARE*，如果上市公司在香港证券交易所发行 H 股或者在上交所或深交所发行 B 股则取 1，否则取 0。

SOE：虚拟变量，表示第一大股东是否为国有。若第一大股东为国有时取 1；否则为 0。

3. 控制变量：

SIZE：在国外文献中，有采用公司资产作为公司规模大小的指标（如 Ping - Sheng Koh，2003），也有采用收入作为公司规模大小的指标（Y. W. Park，2004）。本章考虑到在进行应计利润模型中反复使用了资产规模指标，因而在构建回归模型

采用收入的对数形式，作为公司规模的控制变量。

HBSHARE：虚拟变量，表示该公司是否在海外发行H股或B股。发行为1；否则为0。

LEV：通常公司的债务约束也会对公司的盈余管理行为产生影响，当一般债务的公司面对债务冲突的可能时更容易进行盈余管理，以避免债务危机。而高度债务的公司反而因为受到比较严重的关注而更少地进行盈余管理，因而本章选择资产负债率（*LEV*）这个指标来控制公司的负债因素。表4.1为各相关变量的定义。

表4.1　　相关变量定义

变量	符号	定义
被解释变量	*EM*	盈余管理的量度指标 Abs(DA)/Abs(CDA)
解释变量		
第一大股东持股比例	*TOPSHARE*	第一大股东持股数／总股数
第二至第十大股东持股比例之和	*SHARE2－10*	第二至第十大股东持股数之和／总股数
国家股持股比例	*SHN*	国家股持股数／总股数
法人股持股比例	*SHE*	法人股持股数／总股数
高级管理人员持股比例	*TOPEXESHARE*	高级管理人员持股数／总股数
流通股股东持股比例	*SL*	流通股股东持股数／总股数
控制变量		
规模	*SIZE*	上市公司总收入的对数

续表

变量	符号	定义
控股股东性质	*SOE*	控股股东为国有企业为1，否则为0
公司是否海外上市	*HBSHARE*	海外上市为1；没有为0
财务杠杆	*LEV*	上市公司负债总额／资产总额

注：流通股股数 =（A股 + B股 + H股 + 其他境外流通股）；

法人股股数 =（境内发起人法人股股数 + 境外发起人法人股股数 + 其他发起数 + 募集法人股股数）

4.5 盈余管理与股权结构关系的计量模型和实证检验

4.5.1 计量模型

1. 检验股权组成成分、股权流动性与盈余管理关系的计量模型

股权组成成分主要包括 *SHN*（国有股持股比例）、*SHE*（法人股持股比例）、*EXESHARE*（高管持股比例）和 *SL*（流通股持股比例），回归模型如下：

$$EM_{i,t} = \alpha + \beta_1 SHN_{i,t} + \beta_2 SHE_{i,t} + \beta_3 LEV_{i,t} + \beta_4 SIZE_{i,t} + \beta_5 SL_{i,t} + \varepsilon_{i,t} \quad (4.2)$$

2. 检验股权集中度与盈余管理关系的计量模型

为了研究盈余管理与股权集中度及上述各因素之间的关系，本章建立了一个多元回归模型，相关变量的定义和符号见表4.1。实证分析模型如下：

$$EM_{i,t} = \alpha + \beta_1 \ln(SHARE2 - 10_{i,t}) + \beta_2 TOPSHARE_{i,t} + \beta_3 (TOPSHARE_{i,t})^2 + \beta_4 TOPEXESHARE_{i,t} + \beta_5 HBSHARE_{i,t} + \beta_6 SOE_{i,t} + \beta_7 SIZE_{i,t} + \varepsilon_{i,t} \tag{4.3}$$

在多元回归模型中，将第一大股东持股比例及其平方项都引入模型来捕捉大股东控制程度与盈余管理行为之间的关系。对变量 *SHARE*2_10 取自然对数,使用 *SIZE* 变量是为了对不确定的规模效应进行控制。

4.5.2 实证结果及分析

研究样本的描述性统计结果如表4.2所示。

表4.2　　相关变量的描述性统计

变量	平均值	中位数	标准差	最小值	最大值
TA	0.0274	0.0189	0.0936	-0.8347	0.2665
CA	0.0076	0	0.0901	-0.7741	0.2545
TOPSHARE	0.4512	0.4453	0.1847	0.1541	0.6651
SHN	0.4735	0.2438	0.2352	0	0.7731
SHE	0.2807	0.3771	0.4775	0	0.4378
SL	0.4123	0.4265	0.1876	0.179	0.6579
*SHARE*2 - 10	0.0188	0.0074	0.0255	0.0000	0.1425
TOPEXESHARE	0.0002	0	0.0089	0	0.6523
SOE	0.7175	1	0.4548	0	1

续表

变量	平均值	中位数	标准差	最小值	最大值
HBSHARE	0.0821	0	0.2745	0	1
REVENUE(万元)	138742	58641	131279	-3011.44	6658925
ASSETS(万元)	211876	129587	261106	14562	3068595
LEV	0.3219	0.3102	0.2758	0.0723	0.6514

注：除 *ASSETS*（万元）外，表 4.2 中其他变量均为采用上年度总资产标准化处理后的数值。

由表 4.2 可以看出，总应计利润占总资产比例的均值和中位数分别为 -0.0274 和 -0.0189，并且总应计利润的变化幅度较大，标准差为 0.0936。流动性应计利润的均值和中位数分别为 -0.0076 和 0，可操控性应计利润的均值和中位数分别为 0.0105 和 0.0124，代表了样本期间的平均盈余管理程度。其中操控性应计利润的标准差最大，为 0.1279。第一大股东的平均持股比例（中位数）为 0.4512（0.4453），说明上市公司第一大股东对公司具有超强的控制能力，是上市公司的实际控制者。第二至第十大股东的持股集中度存在较大差异，平均持股集中度（中位数）为 0.0188（0.0074），标准差为 0.1425。国家股和法人股上市公司股权份额中的所占的平均比例之和为 75.42%，与前面理论分析中对我国上市公司存在着国有股“一股独大”情况相一致。说明国有控股仍是我国上市公司股权结构的最主要特征，其他股东很难对国有大股东的地位进行挑战。而管理层持股比例相对较小，平均持股比例（中位数）为 0.0002（0），标准差为 0.6523，不具有明显的影响地位。另外，高管平均持股达到了千分之三，同以往研究中的发现为万分之一的持股比例相比，上市公司高管持股比例增长不少，这说明我国上市公司对高管持股的激励作用开始重视。在样本公司中，平均大约8.21%的公司发行了H股或B股，表明目前上市公司对海外募集资金的比例还不高；另外，平均大约70%的我国上市公司是集团公司，而且平均大约71%的我国上市公司为国有企业。此外，样本中大约8%的公司在样本期间主要向境外投资者发行H股或B股。

从财务数据来看，我国上市公司的平均总资产和平均收入为211876万元和138742万元，与西方国家的上市公司相比，我国上市公司的规模相对较小。样本公司的负债比率平均为0.3219，其中有61.2%的公司负债比率低于0.3102，这主要是由于我国上市公司特殊的股权融资偏好造成的。相对于同期利率水平以及国外的经验数据而言，上市公司未能有效地利用财务杠杆效应实现公司价值最大化。

1. 对样本公司的股权结构与盈余管理关系的实证分析

股权组成部分的解释变量有*SHN*(国有股持股比例)、*SHE*(法人股持股比例)、*EXESHARE*(高管持股比例)和*SL*(流通股持股比例)，对这4个股权组成变量进行Peasron相关性分析，结果如表4.3。

表4.3 股权组成、股权流动性变量的Peasron相关系数

	EXESHARE	*SHN*	*SHE*	*SL*
EXESHARE	1			
SHN	-0.08** (0.000)	1		
SHE	0.053** (0.002)	-0.857** (0.000)	1	
SL	0.112** (0.000)	0.462** (0.000)	-0.008 (0.773)	1

注：括号内为*P*值，**表示在10%的水平下显著。

由 Peasron 相关分析并结合我国上市公司的特点可以认为，*SHN*(国有股持股比例)、*SHE*(法人股持股比例)、*EXESHARE*(高管持股比例）和 *SL*(流通股持股比例）之间存在较为显著的线性相关。因此在对(4.2) 式进行回归时应将前三个变量单独作为解释变量，和 *SL*(流通股持股比例）一起进行回归分析，即(4.2) 式中变量 *SH* 分别对应 *SHN*、*SHE* 和 *SL* 三个变量。经 Hausman 检验，我们选择了固定效应模型，（4.2）式的回归结果如表 4.4 所示。

表 4.4　　盈余管理与股权组成成分实证结果

变量	模型 1（SHN）	模型 2（SHE）	模型 3（SL）
α	0.311 *** (0.000)	0.315 *** (0.000)	0.295 ** (0.046)
LEV	0.067 *** (0.000)	0.063 *** (0.000)	0.064 ** (0.022)
SIZE	-0.012 *** (0.000)	-0.014 *** (0.000)	-0.013 ** (0.000)
SL	-0.348 (0.124)	-0.392 (0.226)	-0.469 (0.136)
SHN	0.028 *** (0.000)		
SHE		-0.026 *** (0.000)	
Overall R^2	0.154	0.096	0.107

注：括号内为 *P* 值，** 和 *** 分别表示在 5% 和 1% 的水平下显著。

从表 4.4 中可以看出，国有股在 1% 的显著性水平下与盈余管理正相关，表明国有股比例越高，盈余管理的可能性越大；法人股和流通股都分别在 5% 水平下与盈余管理负相关，从统计意义上意味着法人股比例或者流通股比例越高盈余管理的可能性越低，分别证实本章的假设 H4.3 和假设 H4.5；而高管持股比例与盈余管理的关系不显著，不支持假设 H4.4，说明我国上市公司高管持股比例过低，不足以在统计意义上影响与盈余管理的关系。

2. 股权集中度、股权流动性与盈余管理关系的实证分析

由第三章，这里采用盈余管理的两个代理变量 *Abs*(*DA*) 和 *Abs*(*CDA*) 进行实证分析，*Abs*(*DA*) 和 *Abs*(*CDA*) 分别为总体可操控性应计利润和流动性可操控应计利润的绝对值。表 4.5 为 *Abs*(*DA*) 和 *Abs*(*CDA*) 与其他股权结构变量的 Pearson 相关系数。

由表 4.5 可以看出可操控性应计利润与第二至第十大股东持股平方和管理层持股比例不具有显著的正相关关系，而与负债比率负相关。企业规模与负债比率具有正相关关系，表明大公司面临着较高的财务杠杆约束。

利用样本数据，对模型（4.3）进行 Hausman 检验，结果为选择固定效应模型。模型（4.3）的回归结果如表 4.6 所示。

由表 4.6 的回归结果可以看出，在采用 *Abs*(*DA*) 和 *Abs*(*CDA*) 作为被解释变量的两种模型下，公司治理变量的估计系数基本相同。总体上讲，回归结果支持了本章的假设。具体来说：

表 4.5　**Pearson 相关系数**

	Abs(DA)	*Abs(CDA)*	ln(*SHARE2_10*)	*TOPSHARE*	(*TOPSHARE*)^2	*TOPEXESHARE*	*SOE*	*SIZE*	*HBSHARE*
Abs(DA)	1	0.683***	0.019	0.042***	0.041***	-0.006	-0.005	-0.221***	-0.075***
Abs(CDA)		1	-0.008	0.045***	0.039***	0.033***	0.019	0.125***	-0.097***
ln(*SHARE2_10*)			1	-0.687***	-0.715***	0.017	-0.027*	-0.164	0.035***
TOPSHARE				1	0.987***	-0.014	0.049***	0.212***	-0.087***
(TOPSHARE)^2					1	-0.017	0.035***	0.233***	-0.084***
TOPEXESHARE						1	-0.021	-0.005	-0.005
SOE							1	0.068**	0.012
SIZE								1	0.221***
HBSHARE									1

注：*，**，*** 分别表示在 10%，5% 和 1% 的水平下显著。

表 4.6　股权集中度与盈余管理关系的实证分析结果

解释变量	被解释变量	
	Abs(*CDA*)	*Abs*(*DA*)
α	0.075 *** (0.000)	0.276 *** (0.000)
ln(*SHARE*2_10)	-0.012 (0.241)	-0.011 (0.279)
TOPSHARE	0.136 * (0.045)	0.062 * (0.069)
$(TOPSHARE)^2$	-0.114 * (0.089)	-0.071 (0.144)
TOPEXESHARE	-0.033 (0.303)	-0.083 (0.217)
HBSHARE	-0.033 *** (0.000)	-0.028 *** (0.000)
SOE	0.013 (0.625)	0.014 (0.115)
SIZE	-0.018 *** (0.000)	-0.034 *** (0.000)
Overall R^2	13.91%	15.23%

注：*、** 和 *** 分别表示在 10%、5% 和 1% 的水平下显著，括号内为 p 值。

(1) 所有的盈余管理变量 *Abs*(*DA*) 和 *Abs*(*CDA*) 都与第一大股东持股比例显著正相关，表明随着第一大股东持股比例的增加，公司的盈余管理程度也增加。*Abs*(*DA*) 和 *Abs*(*CDA*) 与第一大股东持股比例的平方项显著负相关，表明在最大股东的持股比例达到某一阈值时，他进行盈余管理的机会主义倾向下降，从而证实了盈余管理与第一大股东持股比例的倒 U 型关系，支持了假设 H4.1，表明我国上市公司第一大股东持股比例与盈余管理的关系同样可以分为两个阶段：协同阶段和侵害阶段。在产生协同效应的阶段，第一大股东与公司各个利益相关者之间能够产生协同效应，利益相关者之间具备比较一致的目标函数，因而在信息披露方面能够满足各方的要求，相对的盈余管理较少；在侵害阶段（当第一大股东持股比例达到控股或者相对控股时），各个利益相关者之间的目标函数出现差异，而且随着第一大股东持股比例的增加差异会加大。在这个阶段，控制信息披露的第一大股东会利用自己实际拥有的控制权进行相应的信息控制，因而出现盈余管理的可能性就会大增。

（2）变量 ln(*SHARE*2_10)的系数为负，表明第二至第十大股东持股比例之和与盈余管理负相关，但该系数在回归中并不显著，实证结果不能有利的支持假设 H4.2。变量(*SHARE*2 - 10)刻画的是大股东之间的制衡情况，虽然理论上股权制衡可以抑制盈余管理，但由于第二至第十大股东持股比例较小，即我国股权制衡的比例比较小，大致可以判断很多上市公司的大股东之间属于联盟关系而非对抗关系。

(3) *HBSHARE* 在所有的回归模型中的系数都显著为负，支持了假设 H4.6，说明在香港或海外上市可以有效地降低盈余管理的程度，也证明改善公司治理是减少盈余管理的有效途径。

4.6 本章小结

本章通过盈余管理—公司治理—股权结构这一线索来研究我国上市公司盈余管理与股权结构的相关性。实证结果表明：

首先，总体上盈余管理程度与第一大股东持股比例呈倒 U 型关系，表明我国上市公司的盈余管理行为与第一大股东持股比例的关系符合 Mork 的两个效应原则，在比例较低时产生协同效应，当比例超过一定数量后会产生侵害效应。

其次，总体上盈余管理程度与第二至第十大股东持股比例之和负相关，但在统计上不显著，这从另一个角度表明我国上市公司股权高度集中，在一股独大的股权结构下，国有股对上市公司拥有绝对的控制权，其他大股东对国有股的制衡能力十分有限。

根据以上实证结果，我国上市公司第一大股东有动机也有能力通过盈余管理行为来操纵企业利润，从而获得控制权收益。而盈余管理与第二至第十大股东持股比例之和关系不显著的原因，很可能是由于我国第一大股东持股比例过大，远远高于其他大股东持股比例之和，此外还有一些大股东与第一大股东本来就属于同一个利益集体，这些都是造成大股东间的制衡效果不佳的原因。

最后，实证研究还发现盈余管理与当前我国上市公司高管持股比例的关系不显著，这主要是由于目前我国上市高管持股比例过低，因此不能对公司是否进行盈余操纵产生影响。此外，总体上盈余管理的大小与股权的流动性负相关，即流通股持股比例越高，越会抑制盈余管理行为的发生。

本章的研究结果还表明，股权流动性与盈余管理负相关，即流通股股东能够在一定程度上制约上市公司的盈余管理行为，但由于我国股权分置、会计制度变迁对非流通股进入股票市场流通还有具体时间和比例的限制，目前流通股比例仍然偏小，股权分散速度缓慢。要在短时期内迅速降低上市公司大股东的股权比例是非常困难，也是不现实的。但可以预期，在进入全流通时代后，多个控股股东利益和价值偏好不同会导致他们之间的相互监督和相互制衡，并进行控制权的争夺，流通股比例的增加将会有效降低盈余管理的程度。

第五章

上市公司董事会与盈余管理

5.1
引　　言

董事会作为联结股东与经理层的纽带，是公司治理机制的重要组成部分，无疑会对公司盈余管理产生很大的影响。董事会最重要的功能是降低企业所有权与经营权分离所产生的代理成本，而董事会特征将影响到董事会功能的发挥。从控制权的行使角度看，董事会对公司控制权的具体行使直接影响着其对财务报告流程的控制，进而关系到公司财务报告的质量，因此董事会的特征对整个公司而言是至关重要的。通过变革董事会的某些特征，可以达到抑制盈余管理行为的目的，由此衍生出董事会特征与盈余管理的关系问题。

关于董事会的构成机制以及内外董事、独立董事的比例应当如何确定，Fama 和 Jensen（1983）认为最佳董事会结构应当是由内外部董事共同组成的。董事会中的外部董事的比例在一定程度上反映了董事会监督性能的高低，这对于董事会做出正确的决策会起到一定的作用。Chtourou（2001）检验了董事会特征与可操控性应计利润的关系，发现盈余管理与外部董事比例显著负相关，而且较大的董事会规模、非执行董事持股量能够降低盈余管理程度。Klein（1998）和 Peasnell（2000）提出，内部董事掌握着更多的公司内部信息，外部董事则是对其起到监督的作用，从而保障股东的权力，避免管理层为了某种目的而进行各种操纵行为。管理层主要承担着公司日常经营业务运营的职责，作为公司所有者——股东的代理，管理层实际上是代替股东经营公司业务。但是，在经营的过程中，Klein（2002）和 Biao Xie（2003）发现二者的利益不一致导致了经营者所做出的决策并非最优解，因而管理层在日常的经营过程中需要受到董事会的指导和监督，借此防范委托代理过程中带来的道德风险和逆向选择问题。此外，还有关于职责兼任问题的研究，主要是为了研究董事会对高管层的监督机制是否起作用，以及大股东对上市公司直接影响力的大小。职责兼任有各种表现形式，如董事会成员出任高管层、大股东董事会成员出任上市公司高管或者董事会成员等等，在这其中，Park 和 Shin（2004）通过对加拿大上市公司的实证研究发现，董事长与总经理的兼任，以及大股东的董事长或者总经理出任上市公司的董事长或者总经理会导致严重的后果，这种情况下很容易使公司决策层产生暗箱操作，为盈余管理问题的发生提供内部土壤。

关于董事会特征与盈余管理之间的关系，国内的研究很少。吴建友（2001）认为董事会功能失效是导致盈余操纵的主要原因之一。刘立国、杜莹（2003）从股权结构、董事会特征两个方面进行实证分析，研究结果表明，法人股比例、执行董事比例、内部人控制与财务舞弊的可能性正相关，流通股比例则与之负相关。李常青、管连云（2004）对董事会特征与盈余管理之间的关系进行的实证研究表明：独立董事比例与盈余管理大小成负相关；总经理兼任董事长的公司内部人控制更严重，盈余管理程度较高；董事会会议次数与盈余管理大小成显著正相关；董事会规模和董事会成员持股量与盈余管理大小的关系不显著。

本书对盈余管理与董事会之间的关系进行了再检验，我们的研究与国内张逸杰等（2006）以及其他学者关于董事会方面的实证研究的主要不同之处在于：（1）实证研究采用的模型不同。本书采用面板数据模型，考虑了行业差异性对盈余管理的影响，其他研究采用的只是普通线性回归模型。（2）研究样本不同。本书研究的样本为沪深两市全部的 A 股上市公司，其他学者以往的研究只是选择了一些代表性的公司。

5.2
我国上市公司董事会现状

我国的国有上市公司绝大多数是由国有企业改制而来，由国有资本相对控股或绝对控股。这些上市公司虽然都设立了由股东大会、董事会和经营管理层组成的公司管理组织机构，但其中大部分公司的董事会和经理层成员几乎都是由行使国家股或法人股职能的第一大股东控制。在这种存在明显缺陷的组织结构下，很难有董事真正从国有资产的利益出发，代表股东利益在董事会上严格行使表决权并有效监督企业经理人员的行为。目前，国有上市公司董事会在公司治理结构中存在的问题主要有以下几个方面：

1. 国有资产股东董事的角色不到位

我国的上市公司在股权结构方面的一个显著特点就是第一大股东的持股比例偏高，而在国家股或法人股为第一大股东的情况下，国家股或法人股代表在公司董事会中占有大多数席位。但是由上级主管部门或国有资产管理部门委派的董事，就他们本人而言实际上是“非股东董事”，不享有事实上的股东本应享有的剩余索取权。因此他们往往缺乏动力和压力去履行自己的职责。另外，持股比例偏高的第一大股东往往主要考虑自身的利益，而忽视相关利益者的权益。

2. 董事和经理的职责含糊不清

国有上市公司虽然都设立了由股东大会、董事会和经理层组成的治理结构，但目前有相当多的上市公司是董事长和总经理由同一个人担任，或者是由副董事长兼任总经理。董事和经理的责任、权利和义务的划分就很难界定清楚，这样会使董事不能代表股东利益履行自己的职责，而经理人员有更多的机会滥用职权谋取私利而侵犯所有者的权益。

3. 内部董事过多，“内部人控制”现象比较严重

国有上市公司事实上存在较严重的内部人控制现象，在董

事会中没有足够数量超脱于经理职能的外部董事，就很难形成对经理真正有效的监督和制约。

5.3 董事会特征与盈余管理关系的文献回顾与研究假设

为了尽可能全面地描述董事会，本书将董事会特征总结归为四类：规模特征、独立性特征、行为特征和激励特征，从这四个方面提出董事会特征与盈余管理关系的研究假设。

5.3.1 董事会规模特征与盈余管理

董事会规模会影响公司治理水平，是董事会的一个重要特征。实证研究表明董事会的规模和董事会会议的次数与公司的业绩是相关的，Jensen（1993）认为一个规模较小的董事会更容易发挥监控职能，而规模较大的董事会更容易被经理层所控制。Yermack（1996）和 Eisenberg（1998）证明较小的董事会带来更好的公司业绩，似乎更小的董事会不太可能遇到管理中的官僚主义问题，因此运作起来会起到更好的作用。Beasley（1996）发现董事会规模与盈余管理正相关，即随着董事会规模的增加，盈余管理发生的可能性也增大。Abbott 等（2000）研究指出董事会规模与虚假财务报告无关，Chourou 等（2001）发现董事会规模与盈余管理成负相关关系。Vafeas（2000）对美国公司的实证研究表明董事会的规模越小，收益信息越可信。然而 Dalton 等（1999）的研究表明董事会规模和公司业绩有着显著的正相关关系。Lipton 和 Lorsh（1992）指出，当董事会的规模超过 10 人时，因协调和沟通所带来的损失会超过因人数增加所带来的收益，董事会会变得缺乏效率，并且也更容易被公司经理所控制。从盈余管理的角度讲，小规模的董事会成员更有可能被控股股东所控制，较大规模的董事会能更有效地控制盈余管理，因为大董事会的成员有更广泛的代表性，从而在一定程度上克服“一股独大”等问题。国内方面，沈艺峰等（2002）认为董事会规模过大是 ST 公司董事会治理失败的原因之一。目前我国大部分上市公司的董事会并没有设立专门职能委员会，董事的分工并不明确，董事会规模过大会出现董事间沟通、交流、协商的困难。综上所述，从盈余管理的角度讲，小规模的董事会成员更有可能被控股股东所控制，而相反，大规模董事会的独立董事人数也会相应较多，从而更有效地控制公司的盈余管理。因此，本章提出的第一个假设为：

H5. 1：董事会规模与盈余管理程度负相关。

5. 3. 2 董事会独立性特征与盈余管理

董事会的构成是指董事会的成员组成及各组成部分之间相互关系。董事会的构成决定了董事会在公司治理中的作用和公司的绩效。董事可分为内部董事（公司雇员）和外部董事（非公司雇员），外部董事又分为独立外部董事（independent outside director）和关联外部董事（affilated outside director）。内部董事更了解企业的运营和管理目标，但是很容易和股东发生冲突；而外部董事虽然独立性较强，但对企业内部的运营了解有限。学术界讨论最多的问题也是设立外部董事能否提高公司的治理效率。

首先考虑独立董事与盈余管理的关系。在董事会构成研究中最重要的是独立董事所占比例与董事会有效性之间的关系。一些学者认为，独立董事比例越高，董事会监督能力越强。因为独立董事与管理层没有直接的利益关系，能够更加客观、公正地评价管理层，因此也能起到更好的监督作用。同时他们还认为，独立董事往往都是其他单位的高级管理人员或者是某一方面的专家，为了维护自己在人力资本市场上的声誉，他们有动力去监督管理者的行为。Fama 和 Jensen（1983）指出董事会中拥有较多的外部董事能使董事会更有效地发挥监督作用和限制管理者的机会主义行为。

在内外部董事比例与盈余管理方面，Beasley（1996）发现，外部董事比例越大的公司发生财务报告欺诈的可能性越小；Dechow、Sloan 和 Sweeney（1996）研究指出，外部董事比例大的公司因违反公认跨及原则而受到 SEC 处罚的可能性较小；Peasnell 等（1998），Chtourou、Bedard 和 Courteau（2001）的研究都表明，外部董事比例大的董事会更能减少盈余管理的程度。April Klein（2002）通过对标准普尔 500 家指数公司两年的实证检验，发现董事会独立性与盈余管理程度之间存在负相关关系。

由于独立董事不像内部董事那样直接受制于控股股东和公司经理层，因而有利于董事会对公司事务的独立判断。20 世纪中前期，适应公司治理结构改善的需要，美、英等发达市场经济国家在公司董事会中开始聘任独立董事，此后独立董事在董事会的比例仍呈继续提高的趋势，而且独立董事比例越大的公司年度平均收益率越高。Chtourou（2001），Klein（2002），Xie（2003），Davidson（2005）的研究都表明独立董事比例大的董事会更能减少盈余管理的程度。因此，推行独立董事制度是公司治理结构改善必然趋势，它在强化对经理层的监督约束机制，保护中小股东利益以及提高公司运作效率方面都具有积极的推动作用。所以，在一些市场经济国家的公司中，独立董事在董事会成员中的比例与职责受到了高度重视。我国于2001年开始在上市公司和基金公司内大力推行和完善独立董事制度。在构建我国证券市场的最初几年中，独立董事制度一直没有被列入监管层的议事日程。最近几年随着证券市场的发展，以及各类公司治理问题的凸显，独立董事制度作为一种治理机制开始得到各界的关注，董事会的独立性有进一步增强的趋势。学界开始大范围地讨论其理论架构，上市公司也在建立独立董事制度方面进行了一些有益的探索，证监会于2001年开始在上市公司和基金公司内部大力推行和完善独立董事制度。苏卫东、王加胜（2006）对我国上市公司独立董事、审计委员会与盈余管理的关系进行了实证研究，研究结果表明独立董事有提高会计信息质量的动机，但由于大股东的制约，这一作用的发挥受到了限制。由以上分析，本章提出如下假设：

H5.2：董事会中独立董事的比例与盈余管理呈负相关关系。

其次是考虑董事会的领导结构与盈余管理的关系。董事会的领导结构是关于董事会的另一个争论焦点，即董事长是否应该兼任总经理。本书从两权设置和独立董事人数两个方面来评价董事会的独立性特征。在代理理论看来，人的有限理性和自利性，使管理层具有天然的偷懒和机会主义的动机。防止代理人的“道德风险”和“逆向选择”就需要一个有效的监督机制。当外部监督机制不能有效发挥监控作用的时候，董事会的监督激励作用便凸显出来。而董事长和总经理的两职合一意味着要总经理进行自我监督，这与总经理的自利性是相违背的。于是，代理理论认为两职应进行分离，两职合一将损害董事会监督公司管理当局的客观公正性。国外研究中，Jensen（1993）建议总经理应与董事会主席功能加以分离，以免减弱董事会之功能；Fama 和 Jenson（1983）认为决策管理和决策控制相分离可以减小代理成本，并指出要使董事会更有效，就应该将董事长与总经理两职分离。针对盈余管理，Dechow 等（1996）和 Peasnell（2000）研究发现两职合一与盈余管理显著正相关。Dechow、Sloan 和 Sweeney（1996）研究发现总经理兼董事长的公司更容易因违反公认会计准则（GAAP）而受到 SEC 的处罚，他们同时还发现总经理是公司创立者、董事会由管理层控制的公司更容易发生盈余操纵行为。

在国内对治理问题的论述中，董事长与总经理的两职合一往往被认为是阻碍公司绩效提高的一个重要因素。如田志龙等（1998）、朱国泓（2001）、高明华（2001）的研究结果表明两职合一可能导致“管理者防御”情况发生，公司的内部治理机制在一定程度上失效，大大削弱了董事会对高层管理人员的监督能力，为管理层全面操控上市公司打下了制度基础。证监会也把总经理与董事长的两职分离作为完善公司治理结构的一个重要措施。如果董事长与总经理由一人兼任，公司的大部分经营决策权就会归于同一人手中，不利于公司内部的民主。除了董事长之外，公司的其他利益相关者无法获得公司实际的控制权，无法对董事长所决定的经营决策产生影响。公司董事长由于各方面的利益驱使就会利用手中的权利对上市公司进行盈余管理行为。为此，本章提出如下假设：

H5.3：董事长与总经理两职合一与盈余管理程度正相关。

5.3.3 董事会行为特征与盈余管理

董事会通过董事会会议的形式，形成决策和行为，来完成对公司经理的监督。董事会会议是董事会能否发挥作用的一种表现，也是决定董事会能否起作用的因素。一种观点认为，董事会会议次数越多，则表明董事会越积极，越有效，认为会议多则董事能更好地履行职责，更好地保护股东利益（Lipton 和 Lorsh，1992；Conger 等，1998；Byren，1996）。Xie、Davidson 和 Dadalt（2001）研究发现董事会会议次数越多，盈余管理程度越小。我国《公司法》规定董事会每年度至少召开两次以上会议，美国的一些学者甚至认为董事会应每月举行一次整日会议，每年应举行一次 2～3 日的战略磋商会议。Biao Xie 等（2003）实证研究表明董事会和审计委员会召开会议的次数越多，公司盈余管理的程度就越轻。作者认为，董事会的会议是董事会成员之间进行沟通的有效途径，表明董事会正在执行其职能。董事会会议次数是表征董事会行为特征的综合变量。因此本章的第 4 个假设为：

H5.4：董事会会议的次数与盈余管理程度负相关。

此外，本书选取了独立董事发表的意见数量作为衡量独立董事行为的表征变量，我们认为一个几乎不发表意见的独立董事是无法证明其履行职责的，而且独立董事发表的非同意类型意见（除表示为“同意”以外的其他所有意见类型，或者称为有保留的意见）能够起到揭示盈余管理的作用，所以，独立董事发表的非同意类型意见越多证明公司存在盈余管理行为的可能性越大甚至盈余管理行为更严重。基于以上分析，提出以下假设：

H5.5：独立董事发表意见的数量与盈余管理负相关。

H5.6：独立董事发表的非同意类型意见数量与盈余管理正相关。

5.3.4　董事会的激励特征与盈余管理

1. 董事会持股与盈余管理

考虑董事会持股比例和持股人数比例两个方面：一个是考察持股的量与盈余管理的关系，另一个是考虑持股的普遍性与盈余管理的关系。有一种观点认为，董事会成员持有大量的股份能使董事和股东的利益很好地结合在一起，为董事履行其监管职责创造更好的激励机制。当董事会成员持有股份时，管理层的决策会影响其财富（Monks 和 Minow，1995），持有适当股份的董事能对管理层的决策进行更好的审核和质询（Molz，1988）。另一种观点认为董事持有大量的股份会削弱其独立性，同时还可能会有董事会成员为了在股票市场上获利而操纵盈余（Klein，2000）。在实证方面，Beasley（1996），Gerety 和 Lehn（1997）研究发现董事会成员持股数量越多，发生财务报告欺诈的可能性越小。按照 Jensen 和 Meckling（1976）的观点，管理层持股可以加强其与公司价值的一致性，减少代理成本。基于股东财富与自身财富相关性的考虑，若董事持股比例越高，其监督管理当局行为的意愿也越强，应越能发挥董事会的功能，使公司盈余管理程度相对不严重。Warfield（1995）也指出，当管理层持股数增多时会降低代理人成本，从而减少盈余操纵的可能性。而且我国高管持股比例大多都很小，高管的股票买卖还受到一定的管制，在股票市场上获利的动机相对不强。如果董事会成员中持有公司股份的董事人数越多，董事会越有可能真正关心公司的经营状况并监督管理层的经营活动和经营成果，董事会的功能越有可能得到正常发挥，预计盈余管理程度会较小。同理，高管中持股人数越多，在这个经营团队中目标更趋于一致，经营团队的目标与股东的目标也更趋于一致，他们经营企业的业绩可能更加稳健，他们对盈余管理的动机相对较弱。

基于以上分析，再提出以下假设：

H5.7：盈余管理程度与董事会成员持股比例负相关；

H5.8：盈余管理程度与持股董事的人数负相关。

2. 董事会人员薪酬与盈余管理

从董事领取的薪酬总额及未领取薪酬的人数比例两个方面进行考虑。在公司治理结构的控制机制中，激励制度是一个十分重要的方面。报酬是激励制度的一个很重要的方面。合理的报酬结构能够将董事的利益与公司和股东的长远利益联系在一起，使董事有动力去为股东的最大利益而工作，而不是与管理者勾结起来寻求私利，所以董事的报酬越高越有利于控制盈余管理行为。对于未领报酬的董事，一般而言可能因为这些高级管理人员在上市公司都是兼职的，他们在其他部门或企业还担任一定的职务，其报酬在那些部门或企业领取了；他们可能来自上级主管部门，也可能是上市公司前几大股东派出的代表，还可能来自其他研究机构或管理部门，比如外聘一些有学术成就或有名望的人士兼任公司的高级管理人员为其出谋划策。未领薪的董事由于自身报酬与上市公司业绩没有直接联系，不会努力工作付出高于收益的成本去监督公司管理层，因为即使其努力工作也不一定能够被给其发放报酬的部门或公司观察到其努力程度，所以，高管人员不在上市公司领薪从侧面反映出有不少董事或监事并不能完全尽到自己的职责。

我国上市公司报表中披露的董事会成员薪金情况显示，董事整体收入不高，还存在大量不领取报酬的董事。很难想象，这些在公司中没有利益关系的董事能够抽出多少时间、精力来对管理人员实施监督。由此本章提出如下假设：

H5.9：盈余管理程度与董事会中未领报酬的董事比例正相关。

5.4 样本选取和数据来源

由于国内独立董事制度是从2001年正式实施的，我们选择样本的范围为2001年12月31日前在上交所与深交所上市的所有A股股票，研究区间为2002~2012年。根据以上关于董事会特征描述与盈余管理的计量方法进行样本的选择：

(1) 2001年8月证监会正式发布《关于在上市公司建立独立董事制度的指导意见》，指出2003年6月30日之前，上市公司董事会中应至少包括三分之一的独立董事，故选取2002~2012年11年沪深两市发行A股的上市公司为研究对象。

(2) 由于金融类公司具有特殊的资产负债结构与经营现金流特征，应计利润与其他类型公司存在明显差异，并且琼斯模型不适合描述金融类和房地产类企业的应计项目，剔除了9家金融类公司。

（3）剔除董事会特征数据缺失的观察值和2002年到2012年被摘牌的公司。

（4）保留ST公司。

最终得到其中5年分别977、980、1046、1090和1179家上市公司共5272个研究样本的年度数据作为我们进行实证研究的依据。本书所用的数据来源于CCER公司治理数据库，面板数据模型的估计使用stata9.0统计软件。

5.5 计量模型和实证分析

5.5.1 计量模型

在回归分析中，我们将建立五个模型进行回归分析，前四个模型用以分析存在控制变量影响的情况下各组董事会特征相关变量与盈余管理程度的关系，模型5则是考察所有的董事会特征与盈余管理程度的关系。在模型中方便描述用*EM*代表盈余管理程度，同第四章的处理方式，对应*Abs*（*DA*）和*Abs*（*CDA*）作为衡量盈余管理程度的代理变量，回归模型如下：

模型1：$EM_{i,t} = \beta_0 + \beta_1 BOARD_{i,t} + \beta_2 SIZE_{i,t} + \beta_3 LEV_{i,t} + \beta_4 TOPSHARE_{i,t} + \varepsilon_{i,t}$ （5.1）

模型2：$EM_{i,t} = \beta_0 + \beta_1 CEO\_DIR_{i,t} + \beta_2 IND_{i,t} + \beta_3 SIZE_{i,t} + \beta_4 LEV_{i,t} + \beta_5 TOPSHARE_{i,t} + \varepsilon_{i,t}$ （5.2）

模型3：$EM_{i,t} = \beta_0 + \beta_1 MEET_{i,t} + \beta_2 PROPOSE_{i,t} +$

$$\beta_3 OPPOSE_{i,t} + \beta_4 SIZE_{i,t} + \beta_5 LEV_{i,t} + \beta_6 TOPSHARE_{i,t} + \varepsilon_{i,t} \quad (5.3)$$

模型 4: $$EM_{i,t} = \beta_0 + \beta_1 HOLD_{i,t} + \beta_2 N\_HOLD_{i,t} + \beta_3 SALARY_{i,t} + \beta_4 NON\_SALARY_{i,t} + \beta_5 SIZE_{i,t} + \beta_6 LEV_{i,t} + \beta_7 TOPSHARE_{i,t} + \varepsilon_{i,t} \quad (5.4)$$

模型 5: $$EM_{i,t} = \beta_0 + \beta_1 BOARD_{i,t} + \beta_2 MEET_{i,t} + \beta_3 PROPOSE_{i,t} + \beta_4 OPPOSE_{i,t} + \beta_5 CEO\_DIR_{i,t} + \beta_6 IND_{i,t} + \beta_7 HOLD_{i,t} + \beta_8 NON\_HOLD_{i,t} + \beta_9 SALARY_{i,t} + \beta_{10} NON\_SALARY_{i,t} + \beta_{11} SIZE_{i,t} + \beta_{12} LEV_{i,t} + \beta_{13} TOPSHARE_{i,t} + \varepsilon_{i,t} \quad (5.5)$$

模型 1 至模型 4 用来回归分析董事会的四个特征与盈余管理程度之间的相关关系，模型 1 用来分析董事会的规模特征与盈余管理的关系，模型 2 分析独立性特征与盈余管理的关系，模型 3 用以分析行为特征与盈余管理的相关关系，模型 4 分析激励特征与盈余管理的关系。

5.5.2　变量的定义及描述性统计

1. 解释变量的定义及描述

根据前面已提出的假设，本书已将董事会特征分为四类，即董事会的规模特征、行为特征、独立性特征和激励特征。董事会的规模特征用董事会的人数表示；行为特征则包括董事会在一个会计期间内为行使其职责举行的会议次数、独立董事对上市公司重要事务及年报发表的独立意见数量和其中发表的采取保留发言权或持反对意见的意见数量；董事会的独立性特征用两职设置状况和独立董事人数来衡量；激励特征由持股和报酬两方面体现，其中持股由董事会持股量占公司总股份的比例和董事会中持股份的人数两个变量来描述，报酬特征则由董事会报酬排名中前三名董事的报酬总额和董事会中未在公司领取报酬的董事人数来表现。

用表 5.1 对解释变量进行概括：

表 5.1　　解释变量的定义

董事会特征	变量名称	变量符号	备注
规模特征	董事会规模	*BOARD*	用董事会人数计算
独立性特征	两职合一变量	*CEO_DIR*	虚拟变量，董事长与总经理由同一人兼任时为 1，否则为 0
	独立董事人数	*IND*	独立董事人数
行为特征	董事会会议	*MEET*	董事会会议次数
	独立董事发表意见数量	*PROPOSE*	独立董事对上市公司发表意见的数目
	独立董事反对意见数量	*OPPOSE*	非同意意见数目
激励特征	董事会持股比例	*HOLD*	董事会成员持股量 / 公司总股数
	董事会持股人数	*N_ HOLD*	董事会成员中持有股份的人数
	董事会前三名报酬总额	*SALARY*	薪酬排列前三名的董事的报酬之和
	未领取报酬的董事比例	*NON_ SALARY*	未领取报酬的董事在董事会中所占的比例

2. 被解释变量——盈余管理程度的定义和计算

与第三章一致，为了能够全面揭示盈余管理行为，采用第二章提出新模型 4 的回归结果，对总体应计利润、流动性应计利润进行估计，得到对应的可操控性应计利润 *DA* 和 *CDA*，*DA* 是总应计利润中的可操控应计部分，即总体可操控应计利润；*CDA* 是流动性应计利润中的可操控应计部分，即可操控流动性应计利润，由此将 *DA* 和 *CDA* 作为盈余管理程度的两个衡量指标。表 5.2 为盈余管理程度代理变量的描述性统计。

表 5.2　　盈余管理变量的描述性统计

	N	均值	中位数	标准差	最小值	最大值
TA	5472	0.0456	0.0405	0.1225	-1.1985	1.4582
CA	5472	0.0085	0.0067	0.1645	-1.6567	1.7095
DA	5472	0.0000	0.0076	0.1167	-1.4467	1.4385
CDA	5472	0.0001	0.0062	0.1533	-1.4556	1.6013
Abs(DA)	5472	0.0679	0.0445	0.0958	0.0000	1.5661
Abs(CDA)	5472	0.0837	0.0054	0.089	0.0000	1.2193

表 5.2 列示了盈余管理代理变量的情况。可操控性应计利润 *DA* 的均值与流动性可操控应计利润 *CDA* 的均值都接近 0；*DA*、*CDA* 绝对值的均值分别是 0.0679 和 0.0837，*CDA* 绝对值的均值略大于 *DA* 绝对值的均值，说明上市公司通过流动性可操控项目进行盈余管理的程度较大。

3. 控制变量

（1）公司规模。公司规模往往与政治成本大小相关，国外一些研究认为，大企业更难防御不利的政治行为，从而偏向于降低盈余的会计程序。在我国，很多企业与政府存在着千丝万缕的关系，规模越大，对该地区的经济影响也越大，同时，受到政府的影响和控制也越多。大公司受到社会关注的程度也越高，相对来说，信息不对称现象较轻，盈余管理会受到限制。同时，公司规模还是其他一些影响因素较好的替代性控制变量。本书采用资产总额的对数作为公司规模的控制变量。

（2）资产负债率。债务契约往往会影响到企业的会计选择。在我国，债务契约限制也越来越多。当公司接近契约条款限制或接近违约时，公司就有动机进行盈余管理以避免违反契约。一般说来，资产负债率越高，则受到的契约限制越多，公司盈余管理的动机越强。因此，我们采用总负债与总资产之比作为控制变量。

（3）第一大股东持股比例。随着第一大股东持股比例越大，公司内部人控制现象越严重，内部人控制程度越高盈余管理发生的几率越大，所以本书选取这一比例作为股权结构的控制变量。表 5.3 为控制变量定义：

表 5.3　控制变量定义

变量名称	变量符号	备注
公司规模	*SIZE*	上市公司年末总收入的对数
资产负债率	*LEV*	上市公司年末负债总额 / 年末资产总额
第一大股东持股比例	*TOPSHARE*	第一大股东持股数 / 上市公司总股数

4. 变量的描述性统计

由表 5.4 可以看出，从董事会规模特征和行为特征来看，董事会会议次数的均值和中位数分别为 7.22 和 7，最小值和最大值分别为 2 次和 33 次，董事会人数的均值和中位数分别为 9.95 和 9，最小值和最大值分别为 5 和 20，表明董事会人数和董事会会议次数不多，并且样本公司董事会的规模和活动强度差别较大；从董事会独立性特征来看，独立董事比例的均值和中位数分别为 3.38 和 3.21，说明独立董事在董事会中比例不高；独立董事发表意见数量的均值和中位数分别为 1.155 和 0，独立董事发表的保留非同意意见数量均值和中位数分别为

0.0237 和 0，说明独立董事很少发表意见，发表反对意见的更少，独立董事在董事会中所起的作用十分有限。从董事会的激励特征来看，董事会持股比例和持股人数的均值和中位数很低，董事会中未领取报酬董事比例均值和中位数分别为 2.892 和 3.025，表明上市公司中有相当一部分董事不领取报酬。

表 5.4　　董事会特征变量和控制变量的描述性统计

变量	N	均值	中位数	标准差	最小值	最大值
BOARD	5472	9.95	9	2.227	5	20
MEET	5472	7.22	7	3.153	2	33
PROPOSE	5472	1.155	0	2.241	0	14
OPPOSE	5472	0.0237	0	0.186	0	5
CEO_DIR	5472	0.12	0.00	0.331	0	1
IND	5472	3.38	3.21	0.913	0	8
HOLD	5472	0.0071	0.00014	0.0636	0	0.94
N_HOLD	5472	1.77	1.10	2.309	0.00	13.0
SALARY	5472	478931.72	356723	57884.32	0	10238390
NON_SALARY	5472	2.892	3.025	2.348	0	13
SIZE	5472	21.2327	21.0565	1.9208	16.7865	28.8876
LEV	5472	0.5482	0.4835	0.8796	0.0084	22.7889
TOPSHARE	5472	0.4261	0.4328	0.1653	0.1124	0.7089

从控制变量的描述性统计量来看，样本公司资产负债率平均为 0.5482，说明上市公司是比较偏好债权融资的，但未能有效地利用财务杠杆效应实现公司价值最大化；公司规模（即公司资产的对数）均值和中位数分别为 21.2327 和 21.0565，平均规模适中。第一大股东持股比例平均为 42.61%，持股比例偏高。此外，控制变量的标准差均较大，说明选取其作为控制变量，消除极端差异对分析结果的影响是必要的。

5.5.3 实证结果及分析

用面板数据来进行实证研究，必然涉及模型的选择问题，经 Hausman 检验，结果为模型 1 至模型 5 均拒绝随机效应模型。运用 stata9.0 统计软件，模型 1 至模型 4 的回归结果见表 5.5。

表 5.5　　盈余管理程度与董事会特征的回归结果

Wald 检验	解释变量	预期符号	被解释变量 Abs (DA)	被解释变量 Abs (CDA)	Overall R - sq	
	β_0		0.1254* (2.263)	0.1438* (3.236)		
模型 1	*BOARD*	—	-0.027* (1.553)	-0.031*** (-3.391)	0.1468	wald chi2 (4) = 65.07 Prob > chi2 = 0.0000
模型 2	*CEO_ DIR*	+	0.081* (1.225)	0.141** (3.417)	0.0864	wald chi2 (5) = 85.94 Prob > chi2 = 0.0000
	IND	—	-0.023 (-1.195)	-0.065** (-3.212)		
模型 3	*MEET*	—	0.023*** (5.243)	0.031*** (5.897)	0.1204	wald chi2 (6) = 33.48 Prob > chi2 = 0.0000
	PROPOSE	—	-0.011 (-1.453)	-0.003 (-0.765)		
	OPPOSE	+	0.242** (2.986)	0.165 (1.153)		
模型 4	*HOLD*	—	-0.043 (-0.876)	-0.051 (-1.143)	0.0651	wald chi2 (7) = 46.57 Prob > chi2 = 0.0000
	NON_ HOLD	—	-0.013* (-2.896)	-0.025** (-4.326)		
	SALARY	—	-0.009 (-0.403)	-0.0034 (-0.015)		
	NON_ SALARY	+	-0.012 (-0.643)	-0.015 (-0.761)		

注：括号内为 t 值，*，** 和 *** 分别表示在 10%、5% 和 1% 的水平下显著。

对于模型1从表5.5中可以看出董事会规模与流动性可操控应计利润呈反向变化，回归系数的t统计量为-2.994，系数在1%的水平上显著，BOARD与可操控应计利润也呈反向关系但不显著。

对于模型2，两职合一变量与盈余管理程度的两个代理变量都呈正向关系，但仅与流动性可操控应计利润*CDA*在5%的水平上显著；独立董事人数与盈余管理负相关，但仅与*CDA*在5%的水平上显著负相关。

对于模型3，年度内董事会会议次数MEET与盈余管理程度成正比，并且在1%的水平上显著；独立董事发表意见的数量与两个盈余管理计量指标正相关，但不显著；独立董事发表的非同意意见数量与流动性可操控应计利润正相关，回归系数在5%的水平上显著，与可操控性应计利润*DA*也呈正向关系但不显著。

对于模型4，董事会持股比例和持股人数与盈余管理负相关，但不显著；薪酬特征SALARY和NON_ SALARY与盈余管理没有表现出显著的相关性。

对模型5的估计结果见表5.6：

回归结果分析：

（1）无论是模型1至模型4还是模型5的回归结果都显示董事会规模变量系数与预测符号相同，并且董事会规模分别与盈余管理代理变量*DA*和*CDA*在5%和1%的水平下显著，支持假设H5.1，表明我国上市公司董事会规模与盈余管理程度负相关。

（2）从董事会的独立性特征变量的回归结果来看，独立董事比例与盈余管理不存在显著的相关关系，不支持假设H5.2，结合独立董事发表意见的两个变量回归结果，可以认

表 5.6　盈余管理程度与董事会特征的全部变量回归结果

	变量	预期符号	被解释变量	
			Abs（*DA*）	*Abs*（*CDA*）
截距项	β_0		0.1046 ** (0.0387)	0.1183 * (0.0421)
解释变量	*BOARD*	—	-0.023 * (-0.0675)	-0.021 * (-0.0712)
	MEET	—	0.025 ** (0.029)	0.023 *** (0.0016)
	PROPOSE	—	-0.009 (-0.833)	-0.0012 (-0.754)
	OPPOSE	+	0.213 ** (0.026)	0.103 (0.893)
	CEO_ DIR	+	0.066 * (0.083)	0.022 ** (0.0467)
	IND	—	-0.016 (-1.232)	-0.032 (-0.654)
	HOLD	—	-0.032 (-0.568)	-0.047 (-0.916)
	N_ HOLD	—	-0.008 * (-0.473)	-0.013 ** (-0.0485)
	SALARY	—	-0.003 (-0.543)	-0.011 (-0.476)
	NON_ SALARY	+	-0.013 (-0.583)	-0.007 (-0.689)

续表

	变量	预期符号	被解释变量	
			Abs（*DA*）	*Abs*（*CDA*）
控制变量	*LEV*	+	0.132*** （0.009）	0.125*** （0.0053）
	SIZE	—	-0.279** （-0.0312）	-0.214** （-0.0346）
	TOPSHARE	+	-0.018 （-1.114）	-0.021* （-0.087）
Overall R^2	Within		0.092	0.103
	Between		0.4201	0.3107
	overall		0.0981	0.1086
Wald 检验			wald chi2（4）= 46.57 Prob > chi2 = 0.0000	wald chi2（4）= 46.57 Prob > chi2 = 0.000

注：括号内为 *t* 值，*、** 和 *** 分别表示在 10%、5% 和 1% 的水平下显著。

为目前独立董事在我国上市公司董事会中所起的作用十分有限，未能发挥其外部人的制衡作用；董事长与总经理两职合一变量 *CEO_ DIR* 与盈余管理代理变量显著正相关，说明两职分离有利于抑制盈余管理行为，假设 H5.3 得到支持。

（3）除董事会会议次数变量 *MEET* 外，其他解释变量的符号都与假设的符号方向相同，其中 *MEET* 回归系数还分别在 5% 和 1% 的显著性水平下与 *DA* 和 *CDA* 正相关，回归结果不支持假设 H5.4，表明我国上市公司的董事会不能通过董事会会议进行有效的沟通，从而执行其职能，并且很有可能通过控制董事会会议次数进行盈余管理。另外，关于独立董事发表意见的数量和独立董事发表非同意意见的数量两个变量与盈余管理的关系，模型2与模型5的回归结果基本一致，即这两个变量与盈余管理的关系不显著，表明回归结果不支持假设H5.5和假设H5.6。结合这两个变量的描述性统计，说明不仅独立董事所发表意见的数量很少，而且对抑制上市公司的盈余管理行为的作用不明显，难以形成对执行董事和大股东代表的有效制衡。

（4）从董事会激励特征方面的回归结果来看，除了董事会持股人数分别在10%和5%的显著性水平下与*DA*和*CDA*负相关之外，董事会持股比例与盈余管理的关系不显著，回归结果不支持假设H5.7。另外董事会报酬排名中前三名董事的报酬总额和董事会中未在公司领取报酬的董事人数与盈余管理的关系也不显著。由表中的描述性统计量可知，在我国上市公司，董事会成员的持股比例很低，因此无法对董事产生激励作用，董事会的两个报酬特征变量也体现了这一点，因此回归结果不支持假设H5.8和假设H5.9。

由于影响公司异常应计利润的因素很复杂，加上所采用的是时间序列与截面数据相结合的面板数据，其噪音会更大，得到的估计结果拟合优度都不高是完全正常的。从用来检验模型总体显著性的统计量来看，面板数据模型的系数都是较为显著的。

5.6 本章小结

本章从董事会的规模特征、独立性特征、行为特征和激励特征四个方面研究了上市公司董事会与盈余管理的关系。

研究结果表明：董事会规模与盈余管理呈负相关关系；董事会年度内开会次数与盈余管理之间的关系不确定；独立董事在董事会中所占比例以及独立董事发表意见的数量与盈余管理不存在明显的相关关系；董事会持股人数与盈余管理负相关，但董事会持股比例、董事会报酬排名中前三名董事的报酬总额和董事会中未领取报酬董事比例三个董事会激励特征变量与盈余管理的关系不显著。究其原因，可能与我国上市公司董事会监督的失效和董事会的不完善有关。在我国，很多上市公司董事会都由管理层所控制，很多独立董事对管理层没有起到任何监督作用，所以独立董事比例并不能抑制盈余管理，使得我国很多上市公司董事会实际上成为管理层进行盈余管理操纵的工具。

过度的盈余管理行为降低了上市公司会计信息的可靠性，引起各契约关系人之间的财富再分配和利益冲突，从而误导会计信息使用者的决策行为，降低了上市公司的声誉，制约了其在证券市场上进一步融资的能力，导致资本市场萎缩，不利于我国证券市场健康持续地发展。因此，从抑制公司盈余管理的角度来看待董事会的完善，我国上市公司的董事会在盈余管理中仍需要进一步改进，必须适度扩大董事会规模，进一步完善独立董事制度，使独立董事发挥其应有的作用，并规范董事会会议制度。

第六章

基于“隧道行为”的盈余管理与盈余信息含量

6.1 引　言

20 世纪 90 年代以来，研究者发现，世界上大多数国家的公司股权结构都相当集中，大部分公司通常至少有一个相对突出的大股东，甚至是控股股东（La Porta 等，1999；Claessens 等，2000；Faccio 和 Lang，2002）。这些研究同时注意到，在这种集中的股权结构中大股东通常可以运用自己对公司的控制权获取控制权的私人利益（private benefits of control），Johnson 等（2000）用“隧道行为”一词来定义大股东获取私人利益的行为。所谓“隧道效应（tunneling）”在狭义上是指控股股东将公司的资金通过内部交易等方式转移到控股股东手中，从而使公司中小股东利益受到侵害的行为，其实质在于控股股东利用小股东无法分享的控制权，通过侵害小股东利益来获取私利。

“隧道效应”是特定股权结构和法律环境的产物。首先，股权结构是公司治理机制的基础，股权结构不仅反映股东持股比例和股东性质信息，还涉及公司控制权问题，既是内部公司治理机制，也是外部公司治理机制之一。股权结构影响控股股东对其他股东侵占的能力和动机。在股权相对集中、存在掌握控制权大股东的情况下，就产生了大股东利用其独占的现金流控制权来追求与全体股东利益相矛盾的个体目的动机与条件，公司治理的主要矛盾从股东与经理层之间的代理问题，扩展为大股东与中小股东之间的利益冲突。广义上的“隧道效应”泛指这种特定股权结构下的大小股东之间的利益矛盾。其次，市场上不存在能对其他不具有控制权的中小股东有效保护的法律制度和监管环境则是“隧道效应”产生的外部条件。

除了通过关联交易转移公司资源或将自身的风险转嫁给上市公司之外，大股东主要是采用特殊的财务安排实施“隧道行为”，实现公司利益向大股东转移，如通过不公平的二次发行稀释其他股东权益，或通过盈余管理披露虚假的会计信息，误导其他股东和投资者等。由于“隧道行为”的隐蔽性，通常很难找到大规模的直接证据，但研究者发现了一些间接的证据。1997 年 Shleifer 和 Vishny 在研究中指出：在大多数国家的大型公司内部，基本的代理问题并不是 Berle 和 Means（1932）指出的那样，即外部投资者与经理之间的冲突，而是外部投资者与几乎完全控制经理人员的控股股东之间的冲突。Claessen

(2000) 指出，在东亚一些国家和地区的大型企业内部普遍存在由某个家族控股，进而支配公司治理的现象。由于保护中小股东权益的法制不完备，大股东可以轻易地以牺牲公司和其他股东的利益为代价攫取私利，因而，公司内部主要的代理问题转化为公众小股东与公司决策大股东（而不是经理层）之间的矛盾。

此外，盈余信息含量表示会计盈余与股票收益之间的关系。诸多研究表明，影响信息含量的因素是多方面的，在公司内部主要受盈余管理程度的影响，因此公司治理结构无疑是重要因素之一，本章还将研究基于公司治理的盈余管理对信息含量的影响。

6.2 文献综述

由于世界上大多数企业中，股权集中在少数大股东手中，这就意味着另一类代理问题，即 Shleifer 和 Vishny 提出的控股股东和小股东之间的代理问题，也称大股东代理问题。Faccio，Larry 和 Lang（2002）认为，在西欧和东亚这两大地区，主要的代理问题也是控股股东掠夺外部股东的情况。Ronald（2003）的研究发现，如果控股股东同时也是公司的高级管理者，且企业的控制权仅仅掌握在一个股东手中，以及当控股股东拥有上市公司的所有权少于50%时，控股股东对其他股东的掠夺最严重。Bennedsen 和 Wolfenzon 等（2000 ）和 Dennis 和 Mcconnell（2003）的研究指出，大股东对其他股东利益的侵占大多数采取“隧道挖掘”的方式，比如，控股股东可能通过股利政策的挖掘来掠夺小股东的利益，他们不是将公司利润以股利的形式支付给小股东，而是通过投资于那些产生负收益的项目来榨取高额的控制权收益（LaPorta 等，2000）。Bertrand，Paras 和 Sendhil（2002）对印度的集团企业的分析发现，在企业集团内，第一大股东通过金字塔结构或交叉持股方式加强对上市公司的控制，大肆转移上市公司的资源。这些大股东仅以少量的资本就能够获得上市公司的大部分控制权，严重恶化控股股东与小股东之间的利益冲突。在韩国，公司治理制度没有很好地阻止控股股东掠夺小股东，导致企业业绩长期恶化，大量业绩低下的企业长期占有社会资本，进一步导致资源无效配置。上述研究的结论都认为，在大多数国家的公司中，主要的代理问题已经不是管理者侵害外部股东利益，而是控股股东侵害小股东利益。大股东对小股东的掠夺可能出现在任何一个存在控股股东与小股东利益冲突的地方。本章中所研究的“隧道行为”指的是大股东代理问题下的“隧道行为”。

盈余管理是大股东侵害中小股东的一个手段，Leuz，Nanda 和 Wysocki（2003）比较了 31 个国家的上市公司在盈余管理方面的差异，结果发现，内部人（控股股东和高级管理者）为了获得控制权私有收益，通过盈余管理向外部人（小股东和债权人）隐瞒企业绩效。Leuz，Nanda 和 Wysocki 为控股股东通过盈余管理侵害外部小股东利益行为提供了证据。

在公司内部治理机制中，Jensen（1993）认为保持董事会的较小规模有助于提高他们的业绩。Watts 和 Zimmerman（1993）认为较大规模公司可以调整报告盈余的领域，因此公司规模越大，大股东从上市公司和其他股东获取的收益也就越多，大股东就越具有实施盈余管理的动力。余明桂等（2004）

对控股股东代理问题进行了比较全面的研究，同样发现我国上市公司控股股东与小股东之间确实存在严重的代理问题，并且当政府作为上市公司的最终控股股东时，这种代理问题更加严重。此外，他们还发现，控股股东通过有损于公司业绩的关联交易转移上市公司资源，控股股东具有盈余管理的机会主义行为动机，并证明了控股股东采用"隧道行为"转移上市公司资源，侵害小股东利益。Liu 和 Lu（2007）研究发现，在我国股票市场上，盈余管理与控股股东转移上市公司资源有关，他们通过检验盈余管理水平与公司治理水平的相关关系间接证明控股股东通过盈余管理掠夺小股东。

对控股股东而言，只要其通过转移上市公司资源所获得的利益大于他们遭受到的损失，控股股东就有动机转移上市公司资源、掠夺小股东。当小股东发现这种掠夺时，可能会采取"以脚投票"等方式进行抵抗，控股股东则会为了减少监管成本或者避免违反债务契约而粉饰财务报告，从而降低其信息含量。控股股东对信息含量的影响已受到一些学者的关注。盈余的信息含量可以通过股票报酬率（股价变动）与盈余之间的相关性来评价。在国外，盈余的信息含量研究最早始于 Benston（1966）以及 Ball 和 Brown（1968）所做的研究，他们通过探讨证券价格变动与盈余变动之间显著关联来检验盈余的信息含量。Warfield 和 Wild（1995）研究了控股股东和管理当局持股比例与盈余信息含量及与盈余管理的关联性，研究发现：管理当局持股比例，与盈余信息含量呈正相关，与盈余管理程度负相关；会计盈余的信息含量与控股股东的控制权显著负相关。这意味着高度集中的股权结构使控股股东有权力也有动机操纵利润以掠夺小股东，控股股东报告给中小股东没有信息含量的财务数据以掩饰其"隧道行为"，因此会计盈余的可信度将降低。

国内关于公司治理下信息含量的研究多集中在盈余管理方面。陈小悦、肖星、过晓艳（2000）等采用实证研究的方法得出，为了达到证监会规定的配股标准，上市公司的管理当局采取了明显的盈余管理措施，形成我国独特的“10%”现象。陆建桥（1999）证明上市公司为避免出现连续三年亏损而受到证券监管部门的管制，在亏损年度及其前后普遍采取了相应的调减或调增收益的盈余管理行为。孙铮、王跃堂（1999）证明上市公司就总体而言确实存在着盈余操纵的倾向，并且突出表现为“配股现象”、“微利现象”和“重亏现象”。杜滨等调查了上市公司盈余管理的程度（2003）。Liu 和 Lu（2002）第一次在代理理论框架内对中国上市公司的盈余管理问题进行了研究。他们认为，中国股票市场上，盈余管理与大股东转移上市公司资源有关，他们通过检验盈余管理水平与公司治理水平的相关关系，间接证明大股东通过盈余管理掠夺小股东。但是，这些研究都没有对在大股东“隧道行为”下的盈余信息含量进行研究。

6.3
我国上市公司的“隧道行为”与公司治理

6.3.1　我国证券市场的制度背景回顾

根据 Laporta 等 1995 年的研究，我国的股权集中度均值为

75%，中位数为82%，分别是世界水平的1.6倍和1.8倍，在作为样本的49个国家（地区）中是最高的，这意味着大股东的代理问题在我国有可能更加严重。而实际上，集中的所有权结构、被管理层控制的董事会以及缺乏有效手段控制市场，长期以来被认为是我国上市公司治理结构较差的根源。在我国，大多数上市公司是从大型国有企业拆分而来，而且在大多数情况下，它们与母公司（通常就是它们的最大股东）分享人力资源、资本和资产。通常由地方和中央政府，而不是股东来任命上市公司的管理人员。结果，管理层常常采取取悦于最大股东的行为，而很少考虑小股东的利益。而且控股股东很少在重要的问题上受到其他股东的挑战。此外，我国多数上市公司由国有企业构成，但国有企业的主要问题就是产权不明晰，国有企业的管理一般由国家指定的部门负责或者由国有资产监督管理委员会作为上级部门。这样就导致真正的所有者缺位及代理问题严重，这种情形下大股东更有动机去攫取上市公司的利益。一些经验事实表明，控股股东将上市公司看做是圈钱工具，他们可以任意从中获得资金。由于我国股票市场的特殊制度背景，我国上市公司大股东和中小股东之间的利益纷争比其他国家更为复杂，而利益受损的无疑就是中小股东。

股权分置改革以前，我国上市公司大股东控制的股票多属于非上市流通的股票。大股东的股票在资本保全原则下，在证券市场上买卖受到限制，所以他们获得利益的来源就演变成侵占上市公司的利益。我国上市公司的股权一般包括国有股、发起人股、社会公众股。国有股包括国家股和国家法人股。其中社会公众股是指可在证券交易所上市流通的股份。如果不想去增资扩股的话，社会公众股一般只能“用脚投票”。而大股东却不能轻易出售所持股份。一般股东的投资收益来源于股利和股价上涨收益，但大股东却无法获取股价上涨收益，导致大股东通过控制企业进行盈余管理来实现投资收益，攫取上市公司的财富。大股东一般都拥有董事会的决策权，担任董事长，有权任免企业的经营管理者等。这样就使大股东可以通过操纵管理层进行盈余管理等手段侵害中小股东、债权人等相关利益者的利益。

6.3.2　我国上市公司盈余管理的动机与“隧道行为”

其实盈余管理本身并不必然带来大股东掏空上市公司，而是为掩藏这种误导投资者或监管部门的行为，因而通常认为大股东实施“隧道行为”后主动要求管理层进行盈余管理，目的是为了保住上市公司资格，并且不被外界投资者或监管部门发现。大股东为了最大化地从上市公司转移利益，必须将上市公司塑造成一个高成长、绩优股形象，这不仅有利于更多地掏空上市公司，也不容易引起监管部门的关注，控股股东采取“隧道行为”获取的私有收益越大，他们要求管理层粉饰财务报表、进行盈余管理的动机就越强。大股东通过各种努力，提高上市公司业绩，从而提高在证券市场再融资的效率和能力，这样大股东能够很容易利用控制权将上市公司的现金或其他有价值资源转移走。由于大股东拥有公司实际控制权，通过董事会将自己的意志体现为公司的意志贯彻下去，而经营管理者又是由董事会负责任命的，因而实际上管理层不是为全体股东利益服务，而是为大股东的利益服务，所以盈余管理行为也就在所难免。

大股东采取各种方式掏空上市公司利益后，盈余管理是大股东和管理层为掩饰上市公司业绩下降等负面效应而采取的主动行为，而不仅仅是一种大股东掏空方式。这里盈余管理源于大股东与小股东的利益冲突，在大股东控制的条件下，大股东存在帮助上市公司提高盈余水平的动机。在我国独特的制度背景下，两个主要的盈余管理动机都与“隧道行为”有密切的联系。

第一是二次发行和配股动机与“隧道行为”。直至目前，上市资格仍被监管机构严格控制，受保护的行业和与政府有着紧密联系的企业在赢得上市资格的过程中有着巨大的优势。在政策的约束下，上市资格对于控股股东具有特殊的价值，通过二次发行和配股，上市公司可以吸收我国日益增长的资本。在我国证券市场规模较小、上市资源较为稀缺的制度背景下，大股东将公司运作上市或通过收购取得已上市公司的控制权都需要付出高昂的成本，大股东必然希望通过一定途径从上市公司收回预期的回报。作为理性的经济人，上市公司的大股东追求自身利益最大化是一种必然的选择。大股东承担了改制上市过程或买壳上市的巨大成本，将优质的资产装入上市公司与所有股东“共享”，如果仅仅与流通股东一样按持股比例获取现金股利，显然无法实现大股东利益的最大化，难以满足大股东的收益预期。因此，大股东实现自身利益最大化很可能还存在非正常的途径，即控制权的私人利益。大股东通过“隧道行为”从上市公司攫取私人利益是其对上市公司实施控制的最终目的。在我国法制和监管尚不健全的条件下，大股东往往可以通过“隧道行为”以很低的违规成本实现巨大的私人利益。大股东通过侵占上市公司资源实现自身利益最大化，而上市公司的资源很大程度上来自于证券市场投资者。在我国证券市场上，股权发行被认为是“圈钱”，上市公司只有从证券市场、从投资者手中募集到大量资金，“隧道行为”才能得以长期实施。大股东常常将上市公司视为其融资平台和融资工具，为了自己的长期利益，通常会尽力保持和维护上市公司的融资功能，以提供源源不断的资金来源。

为了具备二次发行和配股的资格，上市公司必须满足一些要求，尤其在增发新股模式下。我国上市公司实施股权再融资必须达到监管部门规定的业绩标准，如上市公司必须连续三年保持至少6%的净资产收益率（ROE），三年的平均ROE不得少于10%，这项要求对于大多数我国上市公司并非易事。大股东最终利益目标的实现有赖于上市公司成功再融资，因此，大股东在使上市公司取得再融资资格的过程中通常会采取较为激进的盈余管理行为，并且在获取配股资格后通过“隧道行为”实现其私人利益，盈余管理是这一过程中的一个重要环节。配股和增发的限制性政策给公司的管理层提供了强烈的操纵盈余的动机。

第二是维持上市公司资格的动机与“隧道行为”。为了保护中小股东的利益和促进良好的公司治理结构，中国证监会规定公开上市的公司如果在连续两个会计年度报告净亏损，则该上市公司将被取消上市资格。对于控股股东和其他内部人，摘牌意味着丧失通过二次发行和配股而进一步寻租的机会。这是每个上市公司都会采取措施竭力避免的。因此，避免摘牌是我国上市公司另一个盈余管理的动机。一些公司通过盈余管理取得上市资格，从而获取股票发行及上市所带来的超额收益，如果没有这种市场给予的“奖励”，盈余管理行为在很大程度上不会发生。所以，保持上市资格与重新申请上市难度使上市公司具有很强的动机进行盈余管理。控股股东能够容易地掏空上市公司，源于我国投资者往往关注的是上市公司的报告盈余。我国财务会计政策的特点使公司管理层在会计政策的使用和财务报告程序上有很大的自主选择权。IPO资格和配股资格都对报告净资产收益率（ROE）有规定，另外，我国股市实行ST制度，规定上市公司出现连续两个会计年度经审计的净利润为负值，或者上市公司最近一个会计年度经审计的每股净资产低于股票面值时实行特别处理（special treatment）。这是大股东所不愿意看到的局面，因而公司有强烈的动机去进行盈余管理。

显然，在我国的证券市场上盈余管理与控股股东的“隧道行为”密切相关，维持上市资格及获得二次发行和配股的机会给管理者提供了最为强烈的盈余管理动机。

经验研究发现，成熟市场经济体制下，盈余管理的典型动机在我国并不存在。比如，我国的经理并不面临债务约束的压力。以激励为基础的薪酬计划在我国上市公司中很少见。因为对于权益投资的需求很大，满足市场预期的激励就很小，而盈余管理是我国上市公司的控股股东采用“隧道挖掘”侵犯中小股东的关键一步，也可以认为“隧道行为”是我国上市公司进行盈余管理活动的根本动机。因此，本章在将我国上市公司盈余管理和“隧道行为”相联系的基础上，研究我国上市公司较差的公司治理结构与盈余管理行为和盈余信息含量的关系。

6.4
基于公司治理的盈余管理与“隧道行为”的计量模型和实证检验

国内外大多研究从代理问题角度有力地证明了公司治理结构，特别是股权结构对盈余管理行为的影响。我国学者对大股东与中小股东之间代理问题引发的“隧道行为”的研究时间较短，没有形成体系也没有标准的研究模式，而且大多从股权结构角度间接说明控制性“隧道行为”的影响，鲜有文献从“隧道行为”角度考察公司治理与盈余管理的关系，更缺乏对由此衍生的盈余信息含量问题的研究。本章的研究意义在于，从控股股东的“隧道行为”角度解释了上市公司的盈余管理活动，即控股股东通过盈余管理以隐藏其“隧道行为”，这对现有盈余管理的研究是一个补充，也有利于有关部门制定相应的监管政策。此外，本章还将进一步研究我国独特的公司治理结构下的盈余信息含量问题。

6.4.1　研究假设

由本章第二部分和第三部分的论述，我们提出如下假设：

H6.1：面临摘牌风险的上市公司盈余管理水平较高；

H6.2：即将摘牌上市公司的控股股东为了弥补对上市公司进行支撑的成本，会进行更大程度的盈余管理；

H6.3：进行配股的上市公司有更高的盈余管理水平，并且控股股东基于“隧道行为”进行盈余管理的程度更高。

H6.4：配股与更高水平的其他应收款有关，并且国有企业更倾向于使用其他应收款手段进行盈余管理。

6.4.2　实证结果及分析

我们选择的样本区间为2001年12月31日前在上交所与深交所上市的所有A股股票，研究区间为2002年至2012年。样本选择的标准为：（1）剔除金融类上市公司；（2）剔除2002年至2012年中ROE数据缺失的上市公司；（3）保留ST公司和2001年到2012年被摘牌的公司。

本书所用的数据都是来源于CCER上市公司财务数据库和公司治理数据库，面板数据模型的估计使用stata9.0统计软件。

为了检验假设H6.1，本书将样本分为三组子样本，第一组子样本为成功避免摘牌的公司，这些公司在前两年报告了亏损，而在第三年报告了净利润；第二组子样本为未能避免摘牌的公司，这些公司连续三年报告了亏损；第三组子样本为其余的公司。第一组子样本包括90个公司，第二组子样本包括35个公司；第三组子样本包括4984个公司。由于第三组子样本的观测值远远多于第一组子样本和第二组子样本，因此第三组子样本的平均值和中位数与整个样本非常接近。

由表6.1可以看出，第一组子样本的均值和中位数高于第二组子样本，而第三组子样本的均值和中位数高于第一和第二组子样本，这说明上市公司直到连续两年亏损后才意识到面临摘牌的风险，虽然第三组子样本的盈余管理程度最小，但应该比第一组子样本和第二组子样本合适。此外，第三组子样本的公司规模远大于其他两组子样本，因此采用均值和中位数检验是否能产生有意义的经济解释还有待证实。

表 6.1　　具有摘牌风险上市公司的 t 检验和 Wilcoxon 秩和检验

盈余管理代理变量	统计量	第一组	第二组	第三组	检验	
		前两年报告亏损，第三年报告净利润的上市公司（$N=90$）	连续三年报告亏损的上市公司（$N=35$）	其余公司（$N=4984$）	t 检验（p 值）（H_0：第一组和第二组的均值相等）	Wilcoxon 秩和检验（H_0：第一组和第二组的中位数相等）
Abs（*CDA*）	mean	0.264	0.011	0.033	4.653（0.000）	0.008
	median	0.239	0.007	0.028		
Abs（*DA*）	mean	0.215	0.021	0.0177	6.675（0.000）	0.002
	median	0.197	0.017	0.0183		

注：Wilcoxon 秩和检验为 p 值。

本书进行了 t 检验和 Wilcoxon 秩和检验，结果为表 6.1 的最后两列，第一组子样本中的上市公司成功地避免了摘牌，其盈余管理指标 *CDA* 和 *DA* 的均值和中位数显著高于第二组子样本，说明管理者为避免摘牌会采用盈余管理手段，支持了假设 H6.1。

为了检验假设 H6.2，本书需要证据支持。我国上市公司的 ST 制度使研究者可以衡量控股股东获取财富的程度。本书利用 Wind 资讯数据库，选取 2002 年至 2012 年的 66 个 ST 公司，如表 6.2 所示。

表 6.2　　2002 年至 2012 年 ST 公司样本

股票代码	股票简称	股票代码	股票简称	股票代码	股票简称
000008	ST 亿安	000818	ST 锦化	600167	ST 沈新开
000011	ST 深物业	000150	ST 麦科特	600603	ST 兴业
000013	ST 石化 A	000613	ST 东海 A	600610	ST 中纺机
000017	ST 中华 A	000618	ST 吉化	600622	ST 嘉宝
000030	ST 盛润 A	000620	ST 圣方科	600629	ST 棱光
000048	ST 康达尔	000638	ST 辽国际	600646	ST 国嘉
000405	ST 鑫光	000656	ST 东源	600647	ST 同达
000411	ST 英特	000678	ST 襄轴	600670	ST 高斯达
000412	ST 五环	000682	ST 东方	600698	ST 轻骑
000514	ST 渝开发	000723	ST 天宇	600715	ST 松辽
000533	ST 万家乐	000738	ST 南摩	600743	ST 幸福
000535	ST 猴王	000788	ST 合成	600745	ST 康赛
000544	ST 白鸽	000838	ST 西化机	600753	ST 冰熊
000546	ST 吉轻工	000851	ST 七砂	600786	ST 东锅
000566	ST 海药	000885	ST 春都	600792	ST 马龙
000567	ST 琼海德	000893	ST 冷机	600818	ST 永久
000571	ST 新大洲	000921	ST 科龙	600842	ST 中西
000585	ST 东北电	600057	ST 厦新	600853	ST 龙建
000586	ST 汇源	600082	ST 海泰	600858	ST 渤海
000592	ST 中福	600083	ST 红光	600862	ST 纵横
000594	ST 宏峰	600109	ST 成百	600870	ST 厦华
000603	ST 威达	600137	ST 长控	600893	ST 吉发

然后计算每一个 ST 公司在宣布 ST 前 3 个月至宣布 ST 后 24 个月的股票收益为：

$$PER_j = \sum_{t=-3}^{t=24}(r_{j,t} - m_t) \qquad (6.1)$$

PER_j 为 j 公司的超常股票收益，$r_{j,t}$ 为 j 公司的月收益率，m_t 为市场月收益率。将 PER_j 作为在位的控股股东为避免摘牌向 ST 公司注入财富的数量。

表 6.3 显示，平均 *PER* 值显著异于 0，显然，ST 公司的股票价格高出市场水平 33.75%，除了市场炒作成分外，这一异常收益部分反映了控股股东对公司进行支撑而向公司注入的财富，这也解释了控股股东当面临摘牌风险时为什么显示出强烈的管理盈余的倾向。

为了更好地分析 *PER* 与“隧道行为”的联系，我们进行如下回归：

$$PER_{i,t} = \gamma_0 + \gamma_{1i} TOPSHARE_{i,t} + \gamma_{2i} DA_{i,t} + \gamma_{3i} TOPSHARE_{i,t} \times DA_{i,t} + \varepsilon_{i,t} \qquad (6.2)$$

模型（6.2）采用 *Abs*（*DA*）作为盈余管理的代理变量。依据第二章结论，首先采用新模型 4，以总应计利润 *TA* 和流动性应计利润 *CA* 为被解释变量，得到对应的可操控应计利润 *DA* 和 *CDA*，取绝对值后（记做 *Abs*（*DA*）和 *Abs*（*CDA*））作为盈余管理程度的代理变量。

对面板数据进行回归之前，首先进行 Hausman 检验，结果为拒绝随机效应模型，因此，选用固定效应模型对模型（6.2）进行回归，本章下面的面板数据回归也同样是首先进行 Hausman 检验，确定选用固定效应模型或是随机效应模型。表 6.3 为变量的描述性统计及回归结果。

表 6.3　ST 公司“隧道行为”与盈余管理的回归结果

Panel A：*PER* 的描述性统计

	mean	median	standard deviation	minimum	maximum
PER	0.3375	0.3241	0.5467	−0.4524	3.6475

H_0：$PER=0$，($p=0.000$)

Panel B：面板数据回归结果

解释变量	γ_0	*TOPSHARE*	*DA*	*TOPSHARE* × *DA*	Overall R^2
回归系数	−0.021 **	0.045 *	0.457 **	0.113 *	21.13%
t 值	−2.27	1.97	3.19	1.73	

注：*、** 和 *** 分别表示在 10%、5% 和 1% 的水平下显著。

这里 *PER* 定义为上市公司被 ST 处理前 3 个月到被 ST 处理后 24 个月之间的累计超额收益，即 $PER_j=\sum_{t=-3}^{t=24}(r_{j,t}-m_t)$。此外，本书对 *PER* 为 0 的虚拟假设进行了假设检验，检验结果显示 p 值为 0.000，即表示拒绝接受 $PER=0$ 的虚拟假设。在一个竞争性的市场上，*PER* 的值为控股股东通过“隧道行为”获取公司财富价值的下限，等于控股股东能够从上市公司获取财富的价值。表 6.3 报告的是 ST 公司“隧道行为”与盈余管理的回归结果。

由表 6.3 可见，*PER* 的平均值为 0.3375，标准差为 0.5467，最小值为 −0.4524，最大值为 3.6475。平均值显著异于 0（p 值为 0.000）。显然，ST 公司的股价大大超出了市场平均水平。超常的股票业绩从另一个方面反映了控股股东向上市公司转移财富，对股价进行支撑的行为，说明控股股东有很强的盈余管理倾向，以避免摘牌的风险。从（6.2）式的回归结果来看，γ_1、γ_2、γ_3 都显著为正，γ_1 显著为正说明当控股股东对公司有较大兴趣时，他们对 ST 公司的支撑（“隧道行为”的反向行为）程度更高。同样可以确定，在 $t+1$ 年，*PER* 和 *DA* 也呈正相关关系，说明如果 *PER* 更高时，也就是第一大股东的“隧道行为”所获得潜在收益更大时，ST 公司会更积极地管理盈余。*TOPSHARE* 与 *DA* 的交互作用的系数也为正，说明控股股东在持有越多上市公司股权时，进行盈余管理的动机越强。

综上所述，对于即将摘牌的上市公司，控股股东为了弥补对上市公司进行支撑的成本，会进行更大程度的盈余管理，支持假设 H6.2。

为验证 H6.3，本书将研究样本分为两部分，第一组子样本为 ROE 达到阈值要求的上市公司，第二组子样本为 ROE 未达到阈值要求的上市公司。

由于检验要求上市公司有连续 3 年的年度 ROE 数据，本书在样本中删除 2002～2012 年没有连续 3 年 ROE 数据的公司，这样去掉了 2645 个公司，符合条件的上市公司样本数为 3859 个。第一组子样本包括 1214 个公司，第二组子样本包括 2645 个公司，检验结果如表 6.4 所示：

表 6.4　达到配股资格线和未达配股资格线的上市公司 t 检验和 Wilcoxon 秩和检验

盈余管理程度	统计量	达到配股资格线的上市公司（$N=1214$）	未达配股资格线的上市公司（$N=2645$）	t 检验（p 值）	Wilcoxon 秩和检验（p 值）
Abs（*CDA*）	mean	0.018	0.007	4.532（0.005）	0.077
	median	0.015	0.008		
Abs（*DA*）	mean	0.031	0.006	5.223（0.000）	0.023
	median	0.022	0.003		

t检验结果显示，所有达到配股资格（ROE值超过阈值）的公司，其 *CDA* 和 *DA* 的均值都显著高于未达到配股资格的公司，Wilcoxon秩和检验的结果与t检验的结果一致。表6.4的检验结果表明，为了达到配股资格，我国上市公司具有进行盈余管理的强烈动机。

关于基于"隧道行为"的配股动机与盈余管理的关系，我们采用资本支出作为被解释变量。资本支出水平直接影响到企业的资本密度，即总固定资产与总资产的比率，并影响企业盈余管理的程度。企业进行盈余管理的能力随着流动资产和非流动资产的比重而变动，有些企业拥有较高的流动资产和流动负债，因此就具有更高的通过营运资本来操纵应计利润的能力。Francis和Schipper（1999）认为企业的资本支出主要是影响长期应计利润，资本支出越低，盈余管理的可能性就越大。Burgstahler和Dichev（1997）研究表明在盈余管理发生前拥有较高水平流动资产和流动负债的企业面临的盈余管理成本比拥有较低水平流动资产和流动负债的企业低，拥有较高水平流动资产和流动负债的企业拥有盈余管理的更大空间。因此，过度投资支出容易导致负的应计利润，因为企业的折旧费用会大幅度增加，造成公司净利润的下降，资本支出应该与可操控性应计利润之间具有反向相关关系。资本支出通过固定资产增加额与当年折旧发生额之和来衡量，并用年初总资产进行标准化处理。

本书使用变量 *CAPRAISED* 表示上市公司通过配股筹集的资本，这里将 *CAPRAISED* 定义为配股发行收到的现金总额减去当年发放的股利。

Jiang等（2005）通过实证分析发现大多数控股股东经常利用其他应收款这一手段转移财富，并且他们认为其他应收款是控股股东进行“隧道挖掘”的一个好的衡量指标。由此，本书首先考察其他应收款在国有企业和非国有企业的分布情况，然后考察国有上市公司和非国有上市公司采用其他应收款手段进行盈余管理的区别。

除了其他应收款，本书采用一个新的变量 *ORTA*，将其定义为其他应收款与总资产之比，用以衡量控股股东通过其他应收款这一手段进行“隧道挖掘”的程度。为考察国有企业和非国有企业“隧道行为”的区别，本书采用如下回归：

$$KE_{i,t} = \alpha_{1i} + \alpha_{2i}ORTA_{i,t} + \alpha_{3i}CAPRAISED_{i,t} + \alpha_{4i}SEO_{i,t} \times ORTA_{i,t} + \alpha_{5i}SEO_{i,t} \times CAPRAISED_{i,t} + \varepsilon_{i,t} \quad (6.3)$$

式中 *KE* 为资本支出，用上市公司的年度固定资产支出和折旧额之和计算，表示控股股东“隧道挖掘”的程度。

SEO 为虚拟变量，若公司当年发行新股取 1，否则取 0；*CAPRAISED* 为经总资产调整后的配股发行收到的净现金流入；如果配股筹集的资金用于预期利润较高的项目，则本书预期对于国有上市公司而言，控股股东会进行更大程度的“隧道行为”。

为了考察控股股东的存在如何影响国有上市公司的“隧道行为”，本书进行如下回归：

$$KE_{i,t} = \alpha_{1i} + \alpha_{2i}ORTA_{i,t} + \alpha_{3i}CAPRAISED_{i,t} + \alpha_{4i}TOPSHARE_{i,t} \times ORTA_{i,t} + \alpha_{5i}TOPSHARE_{i,t} \times CAPRAISED_{i,t} + \varepsilon_{i,t} \quad (6.4)$$

将样本按第一大股东的性质分为国有上市公司和非国有上市公司两个子样本，分别包括 4330 家和 779 家公司，对（6.3）式、（6.4）式进行面板数据回归，根据 Hausman 检验的结果，选用固定效应模型。其中 *ORTA* 和 *CAPRAISED* 的描述性统计量和（6.3）式、（6.4）式的回归结果见表 6.5。

表 6.5　我国上市公司通过配股进行“隧道挖掘”的实证结果

Panel A：描述性统计

变量	mean	median	standard deviation	minimum	maximum
CAPRAISED（万元）	23112	20318	21403	2378	189452
CAPRAISED/MARKET CAP	0.042	0.039	0.031	0.0087	0.1851
CAPRAISED/TOTAL ASSETS	0.155	0.148	0.087	0.022	0.532
ORTA	0.071	0.066	0.088	0.000	0.601
ORTA（国有企业）	0.088	0.078	0.094	0.008	0.652
ORTA（非国有企业）	0.056	0.059	0.081	0.000	0.443
H_0：*ORTA*（国有企业）＝*ORTA*（非国有企业）					
t 检验（*p* 值）＝0.032					
Wilcoxon 秩和检验（*p* 值）＝0.019					

Panel B：回归结果

	模型 1（*N*＝4330）		模型 2（*N*＝779）	
	系数	*t* 值	系数	*t* 值
ORTA	0.0121**	4.115	0.045	1.213
CFO	0.0145**	2.248	0.2287**	3.548
SEO×ORTA	0.0317**	2.874		
SEO×CAPRAISED	0.159**	2.014		
TOPSHARE			0.3515	1.485
TOPSHARE×ORTA			0.159**	2.898
TOPSHARE×CAPRAISED			0.4512	1.149
Overall R^2	12.19%		10.83%	

注：* 和 ** 分别表示在 10% 和 5% 的水平下显著。

由表 6.5 中的描述性统计量可以看出，我国上市公司其他应收款占总资产的比例非常高，平均为 7.1%，本书分别计算了国有企业和非国有企业的 *ORTA*，发现国有上市公司其他应收款占总资产的比例为 8.8%，明显高于非国有上市公司的这一比例（5.6%）。而且 t 检验和 Wilcoxon 秩和检验的结果也都证实国有上市公司 *ORTA* 的均值和中位数比非国有上市公司高得多。这说明国有企业的控股股东更有可能通过其他应收款的方式从上市公司抽取资金。

在模型（6.3）中，*ORTA* 的系数显著为正，*SEO* 与 *ORTA* 交叉项的系数也显著为正，表明其他应收款占总资产的比例越大，对资本支出金额的影响越大，大股东的“隧道行为”程度越高。而且国有上市公司与非国有上市公司在采用其他应收款手段进行“隧道挖掘”方面区别较大，国有企业更倾向于使用其他应收款这一手段，与假设 H6.4 一致。

然后本书选取配股上市公司为样本，对（6.4）式进行回归，$TOPSHARE \times ORTA$ 的系数 α_4 在 5% 的水平下显著为正，表明配股上市公司的控股股东所持股票比例越大，采用其他应收款手段进行“隧道挖掘”的动机越强，与假设 H6.3 一致。

6.5 公司治理与盈余信息含量的实证研究

6.5.1　研究假设

控股股东的出现引发了另一类代理问题，即控股股东采用“隧道行为”掠夺小股东，从而恶化公司业绩。为了获得控制权的私有收益，控股股东有操纵会计盈余的动机，而小股东会察觉这种控制权掠夺存在的可能性，通过证券市场降低对公司的评价，从而进一步降低了股票收益与报告信息的相关性。此外，控股股东在董事会中所占的比例也有可能影响盈余信息含量。因此，我们提出如下假设：

H6.5：有控股股东存在时，会计盈余信息含量降低。

H6.6：控股股东在董事会中所占的比例越大，盈余信息含量越低。

如本书第四章所述，股权结构有两层含义：一是股权集中度；二是股权构成。按照股权集中度，可以将股权结构分为股权集中、股权分散、存在相对控股股东三种模式。有学者研究认为，企业的股权高度分散时，由于监督具有较大的外部性，每个股东都会存在“搭便车”的意图，因而没有一个股东愿意监督管理者；反之，如果股权相对集中于大股东，监督的外部性较小，大股东就能够更好地监督管理者，有利于解决管理者与股东之间的代理问题。基于以上分析，分别根据股权集中度的三种模式对会计盈余信息含量可能产生的影响提出以下假设：

H6.7：第一大股东持股比例越高，盈余信息含量越高。

各大股东之间存在着对控制权的竞争，大股东之间由于持股比例的差异而导致的力量对比的差异，可能也会影响会计盈余信息含量，由此提出下列假设：

H6.8：高度集中的股权结构模式会降低会计盈余信息含量。

H6.9：存在相对控股股东的股权制衡模式会提高会计盈余信息含量。

H6.10：高度分散的股权结构模式会降低会计盈余信息含量。

6.5.2 实证结果及分析

样本选取和数据来源同上。参照 Fan 和 Wong（2002）的研究方法，本书采用基本的盈余—回报模型为：

$$Ret_{i,t} = \beta_0 + \beta_1 \times (EPS_{i,t}/P_{i,t-1}) + \varepsilon_{i,t} \quad (6.5)$$

$Ret_{i,t}$代表 i 公司股票持有期间为 t 会计年度的 5 月 1 日到下一会计年度的 4 月 30 日之间的周收益率，$EPS_{i,t}$为 i 公司 t 年年度报告中披露的每股盈余，$P_{i,t-1}$是i公司$t-1$会计年度4月份的股票收盘价（复权后）。每股盈余$EPS_{i,t}$除以股价$P_{i,t-1}$是为了去除盈余的规模影响，$\varepsilon_{i,t}$是随机项。模型（6.5）即为股票收益率与公司每股盈余水平量（除以期初股价后）之间的线性关系。

盈余信息含量表现为股票收益变量与会计盈余变量的相关性，我们以基本的盈余—回报模型为基础，加入公司治理相关变量得到本书待检验的模型。在模型中，以股票周收益率 *Ret* 作为股票收益的代理变量，以每股盈余（*EPS*）作为会计盈余变量。通过采用面板数据模型分析公司治理相关变量与股票收益率的关系，以此了解公司治理机制对信息含量的影响。相关变量的定义和描述列于表6.6。

表6.6　　　　变量定义和描述

变量	变量符号	变量描述
股票收益	*Ret*	上市公司股票周收益率
每股收益	*EPS*	上市公司净利润/上市公司股票总数
资本支出	*KE*	上市公司固定资产增加额与当年折旧发生额之和/公司资产总额
公司治理变量		
	CS	虚拟变量，上市公司存在控股股东时为1；否则为0
第一大股东持股比例	*TOPSHARE*	第一大股东占总股数的比例
第一大股东在董事会中所占比例	*DIR_ SHARE*	第一大股东在董事会中所占人数的比例
控制权竞争度	*CONT*	第一大股东持股比例/第二至第十大股东的持股比例之和
控制变量		
企业性质	*SEO*	虚拟变量，上市公司为国有企业时为1；否则为0
企业规模	*SIZE*	上市公司总资产的对数
企业风险	*RISK*	上市公司的市净率

1. 控股股东对会计信息含量的影响

我们在基本模型（6.5）的基础上引入虚拟变量 CS，检验控股股东的存在对股票收益与会计盈余相关性的影响。同时，有研究发现规模和风险可能影响股票收益，故本书在模型中设置企业规模 $SIZE$ 和企业风险 $RISK$ 两个控制变量。

$$Ret_{i,t} = \beta_0 + \beta_{1i} CS \times EPS_{i,t} + \beta_{2i} CS \times TOPSHARE_{i,t} \times EPS_{i,t} + \beta_{3i} DIR\_SHARE_{i,t} + \beta_{4i} SIZE \times EPS_{i,t} + \beta_{5i} RISK \times EPS_{i,t} + \varepsilon_{i,t} \quad (6.6)$$

经 Hausman 检验，确定选用固定效应模型。回归结果如表 6.7 所示。

表 6.7　　控股股东与盈余信息含量的回归结果

	$CS \times EPS$	$CS \times TOPSHARE \times EPS$	DIR_SHARE	$SIZE \times EPS$	$RISK \times EPS$
系数	-0.232**	-0.168**	-0.073*	0.089	-0.093
t 统计量	-2.533	-3.427	-2.506	1.259	-2.908
p 值	0.044	0.016	0.107	0.137	-0.045
Overall R^2	21.38%				
Wald 检验	Wald chi2（4） = 87. 33，Prob > chi2 = 0. 0000				

注：*、** 分别表示在 10% 和 5% 的水平下显著。

由表 6.7 所示的实证结果，$CS \times EPS$ 的系数在 5% 的显著性水平下为负，表明控股股东的存在会降低盈余信息含量。这一结果与假设 H6.5 一致，说明控股股东确实存在盈余管理行为，而市场也通过股价反映了对控股股东所披露会计盈余的不信任，因此导致会计盈余与股票收益的负相关。而变量 $CS \times TOPSHARE \times EPS$ 的系数在 5% 的显著性水平下为负，表明控股股东的持股比例与盈余信息含量负相关，与假设 H6.6 一致，而变量 DIR_SHARE 在 10% 的水平下显著为正，这一结果的主要原因是当第一大股东已经获得控制权后，随着其持股比例的增加，转移公司财富将带来更大的成本从而使得净收益降低，而且市场能够预期到控股股东占董事会成员比例会影响会计盈余信息的任意性。因此，控股股东占董事会成员比率越高，市场对披露的会计盈余信息越缺乏信心。

2. 股权结构对会计盈余信息含量的影响

为研究股权结构对盈余信息含量的影响，我们以第一大股东持股比例来表示股权集中度，但这个指标只能考察第一大股东对公司的控制程度，无法区分大股东之间存在的力量差异，所以我们引入第二个指标：控制权竞争度指标，以第一大股东持股比例与第二至第十大股东的持股比例之和的比值来表示。该数值越大，表明第一大股东与其他大股东的力量差异越大，第一大股东的优势越明显，对控制权的控制程度越强，趋于第一大股东独立控股状态；反之，该数值越小，则表明控制权竞争程度越高，第一大股东对控制权的控制程度越不明显，趋于各控股股东联合控股状态。

由此在基本模型（6.5）的基础上引入第一大股东持股比例、第一大股东持股比例的二次项和控制权竞争度三个解释变量，模型如下：

$$Ret_{i,t} = \beta_0 + \beta_{1i} EPS_{i,t} + \beta_{2i} TOPSHARE_{i,t} + \beta_{3i} (TOPSHARE_{i,t})^2 \times EPS_{i,t} + \beta_{4i} CONT_{i,t} + \beta_{5i} SIZE_{i,t} + \beta_{6i} RISK_{i,t} + \varepsilon_{i,t} \quad (6.7)$$

由于第一大股东对企业的控制力是股权结构分析的焦点之一，法律法规上也直接规定了与大股东不同的持股比重相匹配的不同权利。当第一大股东持股比例在20%以下时，第一大股东会计报表中的长期投资是采用成本法核算的，对上市公司不具有控制、共同控制或重大影响，更大的可能是充当外部股东的角色，很少会监督经理人的行为，可看成是股权分散的股权结构。当第一大股东持股比例在20%～50%时，第一大股东会计报表中的长期投资采用权益法核算，第一大股东对上市公司具有控制、共同控制或重大影响，会加强对上市公司经理人的监督，减少代理成本，可看成存在相对控股股东的股权结构。当第一大股东持股比例超过50%后，编报会计报表时要把上市公司的会计报表合并进来，编制合并会计报表。这时第一大股东对上市公司拥有绝对的控制力，它可以任命上市公司的经理人或由其直接出任经理人，可以确定上市公司的发展经营方针战略。这可看成是股权集中的股权结构。

我们按照第一大股东持股比例将样本分为三组：

A组：第一大股东不具有控制力（$TOPSHARE \leqslant 20\%$）

B组：第一大股东相对控股（$20\% < TOPSHARE \leqslant 50\%$）

C组：第一大股东绝对控股（$TOPSHARE > 50\%$）

分组后，样本数据第一大股东持股比例情况如表6.8。

表6.8　2008～2012年第一大股东持股比例情况

持股比例	2008年		2009年		2010年		2011年		2012年	
	家数	比例（%）	家数	比例（%）	家数	比例（%）	家数	比例（%）	家数	比例（%）
A组	77	8.24	85	8.95	96	9.46	106	9.91	118	10.33
B组	501	53.72	507	53.54	543	53.52	575	53.86	608	53.1
C组	354	38.04	356	37.51	376	37.02	387	36.23	410	35.77
合计	932	100.00	948	100.00	1015	100.00	1068	100.00	1146	100.0

从表6.8我们可以看到，除2012年外，第一大股东持股比例小于20%的公司占上市公司总数不到10%，第一大股东持股比例在20%～50%的公司约占公司总数的50%以上，而第一大股东持股比例大于50%的公司占公司总数的近40%，

也就是说，我国约 90% 的上市公司中都存在相对控股股东或绝对控股股东。

在进行面板数据回归时，同样将样本分为 A 组、B 组和 C 组三组子样本分别进行回归，经 Hausman 检验，三组子样本均拒绝随机效应模型，因此，选用固定效应模型，对模型(6.7) 进行回归的结果如表 6.9 所示。

表 6.9　　股权结构对信息含量影响的回归结果

	A 组	B 组	C 组
EPS	0.023 (0.728)	0.125 (0.658)	0.154 (0.569)
TOPSHARE	0.176 (0.904)	0.339 *** (3.166)	0.317 ** (5.527)
$(TOPSHARE)^2 \times EPS$	-0.262 (-1.137)	-0.262 ** (-2.546)	-0.284 * (-2.243)
CONT	-0.149 * (-2.591)	0.113 ** (-4.339)	-0.206 (-0.217)
SIZE	0.092 (0.895)	0.113 (1.365)	0.106 (1.809)
RISK	-0.065 (-1.182)	-0.059 (-1.673)	-0.088 (-0.765)
Overall R^2	10.04%	12.78%	15.22%

注：*、** 和 *** 分别表示在 10%、5% 和 1% 的水平下显著，括号内为 p 值。

从实证结果可以看出：

(1) 股权集中程度并非总是有利于盈余信息含量的提高。A 组、B 组和 C 组 *EPS* 的系数为正，但均不显著，这表明会计盈余与股票收益的相关性不高，原因是市场能够预期盈余管理行为的存在，因此对会计盈余的可信度持保留态度。B 组和 C

组 *TOPSHARE* 的系数分别在 1% 和 5% 的水平下显著为正，而 B 组和 C 组（$TOPSHARE)^2 \times EPS$ 的系数分别在 5% 和 10% 的水平下显著为负，表明信息含量与第一大股东持股比例存在 U 型关系，与假设 H6.7 不完全一致。这一结果主要是由于随着第一大股东持股比例的增加，其对上市公司的控制加强，操纵会计盈余的可能性加强，同时市场会察觉这种可能性的存在，这两方面因素导致股票收益与会计盈余的相关性降低。

（2）从控制权竞争的角度来看，表 6.9 表明，A 组的控制权竞争变量 *CONT* 的系数在 5% 的水平下显著为负，B 组 *CONT* 的系数在 10% 的水平下显著为正，只有 C 组 *CONT* 的系数不显著。这一回归结果表明我国上市公司中第一大股东持股比例在 20% 以下时，会使会计盈余信息含量降低，支持假设 H6.10；上市公司中第一大股东持股比例在 20% 至 50% 之间时，能够显著提高会计盈余信息含量，支持假设 H6.9；而当持股比例大于 50% 时，对会计盈余的信息含量不具有显著影响，与假设 H6.8 不一致。原因是对于我国上市公司，当第一大股东持股比例与其他大股东持股比例之和差距很小，即第一大股东相对控股，呈现出对控制权的共同控制状态时，会计盈余的信息含量较高，这可能是因为当第一大股东持股比例继续增加并达到某一水平时，第一大股东通过盈余管理进一步掠夺上市公司财富的动机会减小，因为此时掠夺小股东导致的成本在不断增加；当第一大股东对公司的控制力较弱，其他大股东的股权份额相比之下较高（第一大股东持股比例与其他大股东持股比例之和较大）时，上市公司的股权结构比较分散，也能够在很大程度上提高会计盈余信息含量，而当第一大股东对公司拥有很强的控制，其他大股东的股权份额相比之下很少（第一大股东持股比例与其他大股东持股比例之和较小）时，

CONT 的系数不显著，表明在股权高度集中时，会计盈余不具有信息含量，这很大程度上是由于控股股东通过盈余管理影响公司的会计信息披露，而且市场对会计盈余信息有一定的识别能力。

6.6 本章小结

本章运用“隧道行为”（tunneling）理论解释了我国上市公司的盈余管理活动以及公司治理结构对盈余信息含量的影响。实证研究表明，为了达到配股资格，我国上市公司具有进行盈余管理的强烈动机，与未达到配股资格的公司相比，达到配股资格的公司的盈余管理程度更高可以充分说明这一点。此外，ST 制度引发了围绕公司控制权的争夺，一个 ST 公司必须在两年内获得盈利，并且加以储备，以避免摘牌风险。因此，控股股东有强烈的动机避免摘牌。在具体的“隧道行为”手段方面，实证研究发现，对于我国上市公司而言，利用其他应收款进行盈余管理，进而掏空上市公司是比较常用的手段，以往文献中未能揭示这一点。此外，国有上市公司与非国有上市公司在采用其他应收款手段进行“隧道挖掘”方面区别较大，国有企业更倾向于使用其他应收款这一手段。

在我国这一独特的资本市场上，治理机制对盈余信息含量确实有一定的影响，我国上市公司股权集中度与信息含量呈 U 型相关。这是由于一方面在我国这样的新兴市场上，大股东的出现能够对管理者进行监督，有利于解决传统的代理问题，从而提高信息含量；而另一方面，大股东尤其是控股股东的出现又引发了另一类代理问题，即控股股东掠夺小股东。实证分析还发现，控股股东的存在确实不利于信息含量的提高，而且控股股东占董事会成员比例也会对盈余信息含量有负面影响，控股股东占董事会成员比率越高，市场对披露的会计盈余信息含量越缺乏信心。第一大股东持股比例与其他大股东持股比例之和相差不大时，控制权竞争越激烈，第一大股东对控制权的掌控力度越弱，这时，各大股东与经理人之间形成了比较稳定的均衡关系，这样，企业的价值会相对真实，从而会计盈余信息含量会较高。

在我国证券市场二十多年来曲折历程中，对投资者利益和信心损害最大，进而危及证券市场生存和发展的最主要风险集中在两个方面：一是控股股东利用“隧道效应”转移上市公司资源；二是上市公司信息披露严重失真。前者导致证券市场基石——上市公司被“掏空”，股票投资价值的来源和基础不复存在；后者使证券市场运行机制扭曲，严重损害了价格发现、融资、优化资源配置等市场功能。两者之间密切相关——控股股东为了能够持续从上市公司获取超股权收益，就必须防止“隧道坍塌”，即通过盈余管理粉饰财务报表，掩盖“隧道效应”对上市公司资产和经营造成的损害，保持上市公司的再融资资格和存续条件，从而加剧上市公司盈余管理程度和信息披露失真。“隧道效应”和控股股东进行的盈余管理甚至使盈余操纵具有复杂的成因和市场惯性，因此，控股股东的盈余管理行为不会随着股权分置问题解决而自行消除，同时，严重的危害性又决定了必须把有效防范和解决“隧道效应”和“信息披露严重失真”问题作为全流通市场上市公司监管的首要任务。我国上市公司处于控股股东的超强控制状态，控股股东与中小股东之间存在严重的利益冲突，经理人员的决策通常以控股股东利益最大化为出发点，从而导致控股股东对中小股东具有强烈的侵害动机。有效制约控股股东采用“隧道行为”任意操纵会计盈余的行为，建立市场信心，增强会计盈余与股票收益的相关性具有十分重要的意义。

第七章

上市公司盈余管理的市场反应

近年来，我国股票市场得到了蓬勃发展，截至 2013 年 11 月，在深沪两地上市的上市公司已达 2488 家，股票上市总市值为 40292. 48 亿元，股票流通市值则达 206533. 51 亿元。不仅股票市场的规模日益壮大，而且其运作效率和上市公司的质量都有了较大提高。以往的研究表明，上海证券交易所早在 1993 年以后就逐渐达到了弱势效率，深圳则更早地达到了弱势效率，但迄今尚没有证据表明我国股票市场已经具备半强势效率。此外，在我国股票市场，盈余数字具有很强的信息含量，学术界已经基本就这一结论达成了共识。显然，我国股票市场正走向规范化和理性化，投资者越来越开始注重凭借各种有价值的信息，而非噪音，进行投资决策，而且公开披露的会计信息（特别是盈余信息）日益成为投资者投资决策的重要信息来源。

我国上市公司的内外部治理结构逐步进入良性发展轨道，

企业与各利益关系人以及各利益关系人之间的矛盾冲突越来越依靠各种各样的契约来维系，而很多契约的签订及履行都与会计盈余信息密切相关，而且会计盈余信息的变化还会直接影响相关利益主体的自身利益和财富再分配。可以说，会计盈余信息及其质量比以往更受相关当事人的关注。但是，由于信息不对称的普遍存在、契约本身的不完备性、会计准则所具有的灵活性等，再加之企业经营管理人员亦属于具有自利性的经济人，使得盈余管理行为成为可能，并且很难从根本上加以消除。所谓盈余管理就是指企业管理当局为实现自身利益或公司价值最大化而采取的一系列调节公司业绩的会计政策选择、交易规划等行为。盈余管理行为虽不产生虚构的交易或事项，但盈余管理发展到一定程度，很容易演变成舞弊、欺诈、内幕交易等行为。并且研究表明，上市公司在报酬契约、代理人竞争、债务契约、会计制度制定者管制等方面均存在盈余管理行为。从总体上看，以往的研究主要集中在盈余管理的存在性与程度方面，而关于投资者能否识别企业盈余管理的问题迄今仍没有定论，有些经验研究证据甚至是互相矛盾的。事实上，只有在投资者不能识别企业的盈余管理的前提下，对于企业来说进行盈余管理才是有意义的。而本章正是以此为切入点来对上市公司盈余管理行为的市场反应问题进行研究。

7.1
国外研究现状

国外相关文献对于财务报告数据与资本市场的反应进行了

研究。两者可能的联系之一在于实际和预期盈余之差，或者叫意外盈余。Soffer，Thiagarajan 和 Walther（2000）发现在控制了盈余数据公布之前以及公布日的信息之后，出现正的意外盈余的公司往往在这段时期内有正的市场异常回报。Beyer（2007）也发现了管理层为了减小管理层预测误差而在盈余数据公布日前后进行盈余管理；公司现金流越不稳定，则管理层进行盈余管理的动机越强烈；在控制披露的盈余和意外盈余的大小之后发现若出现正的意外盈余，则公司在盈余公布日的股价会更高。其余的研究集中在盈余管理对市场表现的影响程度。很多学者发现，长期而言股市异常收益与盈余管理程度呈现负的相关关系（Sloan（1996）以及 Xie（2001）），此外，在一系列公司重大事件之后的长期股市表现与事件之前的盈余管理相关（Teoh 等（1998a，1998b）以及 Louis（2004））。以上的所有研究都发现了市场对盈余管理的反应，证实了投资者对盈余管理行为的识别。但是也有一部分研究者持有相反的观点，例如，Balsam 等（2002）发现一般的投资者和技巧丰富的投资者（以机构持股比例作为代理变量）都不能识别在盈余数据公布日前后的盈余管理行为。其他研究者则发现在重大公司事件前后，投资者无法完全识别由于盈余管理造成的股价波动（Teoh 等（1998a 和 1998b））。Loui（2004）则指出，只要投资者没有办法完全看穿管理层的行为，事件前期的盈余管理行为很可能导致事件之后的异常盈余，这说明投资者无法识别盈余管理行为。

7.2 国内研究现状

国内学者认为，在一个有效的资本市场里，盈余信息具有信息含量。好的盈余信息可有效推动提高企业股价和交易数量（刘士德，2006）。黄莲琴（2003）认为从一个足够长的时段来看，盈余管理并不增加或减少企业实际的盈余，但会改变企业实际的盈余在不同会计期间的反映和分布。从某种意义上说，盈余管理是一种“合法”的利润操纵行为，在某些方面还存在着正面效应，但它是有前提条件的，即管理者必须不刻意损害相关利益集团的利益。

关于我国与欧美盈余管理动机的差异，许多学者认为我国的国有企业的经理层操纵盈余的动机和美国同行可能存在差异，因为我国的经理层一般不持有公司的股票或者股权激励，而操纵盈余以获得上市机会并由此带来经理地位的提高是其种种非金钱目的之一。国内学者普遍认为，配股政策是诱发我国上市公司盈余管理行为的直接原因。陈小悦等（2004）发现上市公司为了达到“配股生命线”而操纵了报告盈余。孙铮等（1999）通过检验盈余分布状况发现上市公司为了获得配股权而通过盈余管理将 ROE 维持在略高于 6% ~10% 狭窄区间的证据。这些研究证明了配股过程中盈余管理的存在。顾振伟等（2008）也发现在配股增发过程中操纵盈余出现的“保六”、“保十”，而且为了避免被“ST”（special treatment）或者摘牌，也存在操纵盈余“保零现象”。在盈余管理的实证研究方面，谢润邦等（2007）用 Fama - French 三阶段模型研究了股票增发配股过程中的盈余管理行为。研究结果表明了我国上市公司为了达到不断变化的配股要求而进行盈余管理。陆正飞等（2006）同样采用 Welch 和 Wong（1998）的方法，证明了配股前三年的利润和操纵性应计利润明显上升，而且操纵程度越高，配股后业绩回落越大；作者更进一步研究了配股后的盈余管理行为，发现有后续配股计划的公司操纵性应计利润不会反转，而无后续配股计划的公司则会发生反转，然而两类公司的（以现金流计算的）真实业绩都出现了下降，表明真实业绩出现了滑坡。张祥建等（2006）通过对操纵盈余程度进行分组取均值对比以及多元回归的方式证明了公司的盈余管理程度和股票长期收益率之间存在负相关关系。这些结论都表明了上市公司配股融资过程中的盈余管理严重影响了投资者对企业未来盈利能力的判断及其投资决策，从而导致了大股东对中小股东财富的掠夺。于胜道等（2006）在对 2004 年微利公司的所得税税率进行统计发现，有一半的微利公司所得税负担小于 33%。一旦这些上市公司所得税为 33%，就会由微利转为微亏。税收优惠是其扭亏为盈的法宝之一，且税收优惠比直接补贴具有更强的隐蔽性。由此可见，政治动机也是盈余管理的动机之一。张昕等（2007）发现上市公司为了避免年度亏损，通常会选择在第四季度进行盈余管理，使全年微亏公司占亏损公司的比例显著下降，全年巨亏的公司占亏损公司的比例显著上升。

在如何抑制盈余管理方面，国内学者也有相关研究。张祥建等（2006）发现第一大股东持股比例与盈余管理程度之间显著的倒 U 型关系：当第一大股东持股比例低于 53. 20% 时，盈余管理程度与第一大股东持股比例表现出正相关关系，而当这一比例超过 53. 20% 时，由于大股东掠夺行为产生的边际收益发生逆转，与中小股东在某种程度上表现出利益趋同效应，因此大股东开始更多地关注上市公司的健康发展、声誉效应和价值最大化。我国上市公司中，公司的所有制类型与公司的行为有着显著的相关关系，在考虑盈余管理的问题时也不能忽视所有制类型的影响。Yuan 等（2004）通过实证发现我国国有上市公司的盈余受大股东股权集中度的影响，而私营上市公司则不存在这种情况：对于私营企业，大股东的股权集中度对可操纵盈余并没有解释能力。孙亮等（2008）利用调整的界面 Jones 模型分析了不同类型的上市公司的盈余管理差异，也发现民营上市公司的盈余管理程度显著高于国有上市公司。Chen 等（2005）运用 Logit 模型检验了审计意见和盈余管理的关系，发现当公司的 ROE 处于（0，1%）区间或者（-8，10%）区间时，得到保留意见的几率增加，注册会计师认为违规现象在微利或巨亏的公司中普遍存在。原红旗等（2004）对提出配股申请的上市公司盈余管理行为进行了研究，发现申请是否被监管机构批准与申请前盈余管理指标负相关；被批准的公司其后来的业绩表现要好于没有被批准的公司，说明监管机构在一定程度上能够识别盈余管理。

投资者对盈余管理行为的识别反应以及其影响因素是盈余管理研究的重要组成，若投资者能够通过公开市场交易的方式对盈余管理行为进行惩罚，那么这种行为会在一定程度上抑制盈余管理行为。从国外之前的研究来看，有的文章认为投资者可以识别盈余管理行为并做出逆向反应，因为成熟的投资者在有效市场中能够迅速对市场信息做出判断，另一种理论则认为市场上无经验投资者占据了多数，而盈余管理行为具有一定的隐蔽性，所以投资者无法从财务报告中识别盈余管理，故无法做出反应。由这些研究看来，投资者是否能够识别盈余管理以及其市场反应依然是有意义的研究问题。尤其是从中国这个被认为缺乏效率的市场来看，这样的研究尤为有意义。

学界研究投资者对盈余管理的反应主要采用会计研究法和事件研究法，前者依靠对重要财务指标和比率的判断而确定公司经营状况的改变，该方法对具体行业和企业的财务特点依赖性较大，无法进行大规模的定量分析。所以，本章运用事件研究法来探讨投资者对盈余管理的市场反应。同时，本书依据Baber（2006）提出的投资者分析过程理论，对不同时间窗口的盈余管理市场反应进行研究，试图发现市场反应在时间上的变化规律。

本章进一步研究了公司治理结构等因素对盈余管理及其市场反应的影响。在分析公司治理结构的各种机制过程中依据降维的思想采用了主成分分析法（principal components analysis），在损失较少数据信息的基础上将众多公司治理的指标简化为少数几个有代表意义的综合指标，不但简化了问题的分析过程，避免了潜在的多重共线性问题，同时也使得研究的结果更加容易解释。

7.3
盈余管理市场反应的测度

7.3.1 市场反应替代变量——超额报酬率定义

要进行盈余管理的市场反应实证研究，除了要寻找出衡量盈余管理的代理指标外，还要量化市场对盈余管理的反应，即确定和计算盈余管理的市场反应指标。我们首先要明确的是，不能用简单的公司股票报酬率作为盈余管理的市场反应指标，因为在影响公司股票报酬率的因素中，既包括公司可控因素，也包括公司不可控因素，所以，我们必须要对影响公司股票报酬率的不可控因素予以剔除，剔除之后的公司股票报酬率称为超额报酬率，本书将它作为盈余管理的市场反应指标。

7.3.2　盈余管理市场反应的测度方法

学者研究市场反应主要采用两种方式：会计研究法和事件研究法。会计研究法依靠对重要财务指标和比率的判断而确定公司经营状况的改变，即对事件前后公司的运营状况进行分析从而得出市场的反应。事件研究法主要通过计算累计超额收益（*CAR*）或者平均超额收益（*AAR*），以之作为市场反应的代理变量。如果事件含有信息量并且该信息释放到市场中，那么在事件期内累计超额收益就会有明显的变化。如果市场对该信息的反应是无偏的，那么累计超额收益在一定时期后会保持在一定的数值上。

本书的研究采用了累计超额收益（*CAR*）测算市场对盈余管理的反应。其中关键的步骤就是确定基准模型。超额收益（*AR*）可以定义为实际收益（*R*）和基准收益（*ER*）之差。计算超额报酬率的普遍做法是采用市场模型。市场模型是当资产报酬与资产市场组合报酬属于双元正态分布时，对资产报酬率和资产市场组合报酬率的相互关系的一种描述，其理论基础是资本资产定价模型，它的一般形式可以写成：

$$R_{it} = \alpha_i + \beta_i R_{mt} + \varepsilon_i,\ \varepsilon \sim (0,\ \sigma^2) \qquad (7.1)$$

这里的 R_{it} 是第 i 家股票在第 t 日的收益率，即 $R_{it}=(P_{it}-P_{it-1})/P_{it-1}$，其中 P 是考虑了公司分红送股因素经过复权处理后的日收盘价；R_{mt} 是第 t 日的市场收益率，这里的 $R_{mt}=(I_{mt}-I_{mt-1})/I_{mt-1}$，其中 I 是 A 股日收盘指数。此外，α_i 和 β_i 是回归系数，ε_i 为随机误差项。

以公司年报公布日为第 0 日，用从第 -100 日到第 -11 日数据估计出回归系数 $\hat{\alpha}_i$ 和 $\hat{\beta}_i$，进而确定从第 -10 日到第 10 日的正常报酬率 ER，即 $ER_{it}=\hat{\alpha}_i+\hat{\beta}_i R_{mt}$。得到正常报酬率后，即可计算出股票 i 在公司年报公布日及前后各 10 个交易日的经风险调整后的超额报酬率，即

$$AR_{it}=R_{it}-ER_{it} \tag{7.2}$$

至此，我们就可计算出样本股票的每日平均超额报酬率，其计算公式为：

$$\overline{AR}_t=\frac{1}{N}\sum_{i=1}^{N}AR_{it} \tag{7.3}$$

其中，N 为样本股票个数。

我们还可计算出样本股票的累计超额报酬率，即

$$CAR_t=\frac{1}{N}\sum_{i=1}^{N}\sum_{t=-10}^{t}AR_{it} \tag{7.4}$$

7.4
股票市场对盈余管理反应的实证分析

本书分析投资者在了解了全部财务报告信息之后能否对盈余管理做出反应。本书选取事件期前的 200 天作为估计期，估

计窗口为（-230，-31），并根据 CAPM 模型来估计每个公司的市场风险因子 β_i。对于异常盈余的估计而言，本书更加关注投资者对盈余管理的发现过程，所以采用了平均超额累积收益来测算一个时期内（而非某个时间点）的异常收益情况。该事件期的跨度为 31 天，本书将测算从时间窗口（-1，+1）到时间窗口（-1，+30）的过程中市场的反应。时间窗口越大，越多的投资者可以深入理解分析财务报告，并发现盈余管理的迹象。

本书之所以采用财务报告公布日为零时间点，因为在本书的研究中，投资者必须得到完整的财务报告（以下简称财报）才能分析会计数据的真实性，区分盈余管理（Baber 等，2006）。尽管主要的财务信息在财务报告公布之前就已经披露，但投资者只有得到完整的财报才能对操纵性应计利润和非操纵性应计利润进行区分（见表 7.1、表 7.2）。

表 7.1　*CARs* 和操纵性应计利润（*CA*）的相关系数

CAR 时间窗	(-1,1)	(-1,5)	(-1,10)	(-1,15)	(-1,20)	(-1,25)	(-1,30)
相关系数	-0.08	-0.06	-0.07	-0.09	-0.08	-0.09	-0.1
T 检验	-6.95	-5.71	-5.98	-8.07	-6.98	-8.21	-8.46

表 7.2　*CARs* 和操纵性应计利润绝对值（|*CA*|）的相关系数

CAR 时间窗	(-1,1)	(-1,5)	(-1,10)	(-1,15)	(-1,20)	(-1,25)	(-1,30)
相关系数	0.02	0.02	0.02	0.01	0.01	0.02	0.02
T 检验	-1.88	-1.8	-1.93	-1.12	-1.17	-1.57	-1.4

本书发现了操纵性应计利润（*CA*）和累计超额收益（*CAR*）之间的相关系数很小，但是操纵性应计利润绝对值

(|*CA*|) 和 *CAR* 之间的相关系数较大并显著，印证了投资者对盈余管理程度做出反应的假设。本书进一步以操纵性应计利润为因变量，在控制其他变量的基础上对 *CAR* 进行回归，这些控制变量包括了一般的财务指标：财务杠杆（*D/A*），每股收益（*EPS*），每股股东现金流（*FCFE*）。表示公司资产规模的资产自然对数（log *ASSET*），资产回报率（*ROA*），代表公司成长性的托宾 *Q* 指数（TOBIN*Q*）；以及表示公司财务可信度的两个虚拟变量：*AUDIT_ OPINION* 表示该年度审计报告的结果（无保留审计意见取 1，其他取 0），*PENALTY* 表示公司以往的遵纪守法情况（在财报公告日之前受到市场监管机构处罚取 1，否则取 0），

回归的模型如下：

$$CAR_{it} = c + \beta_1 \cdot Accrual_{it} + \beta_2 \cdot Control\mathrm{variables}_{it} + \varepsilon_{it} \quad (7.5)$$

回归的结果参见表 7.3 和表 7.4。在控制其他变量之后，操纵性应计利润（*CA*）的回归系数在所有时间期内均不显著，然而，操纵性应计利润绝对值（|*CA*|）的回归系数显著，并且随着时间期的扩大而减小。本书可以得出三个重要的结论：

（1）投资者对盈余管理的市场反应取决于盈余管理的程度（以操纵性应计利润绝对值|*CA*|度量）。

（2）在 30 天期的时间窗口内，盈余管理程度每上升 1% 会造成累计超额收益下降 0.173%。和原假设一致，这说明盈余管理程度越大，市场反应越负向。

（3）在 30 天期的时间窗口内，投资者对盈余管理的逆向市场反应随着时间区间的扩大而增加。这与 Baber（2006）的研究结果吻合，即投资者对盈余管理的识别需要一定的时间，随着时间的推移，投资者对财务信息的理解更加透彻，从而对盈余管理做出更加激烈的反应。

表 7.3　　市场对操纵性应计利润（*CA*）的反应

变量	*CAR*01	*CAR*10	*CAR*20	*CAR*30
c	-0.0964***	-0.1491***	-0.0732	-0.1691
CA	0.0107	0.0207	0.0372	0.0417
控制变量				
D/A	0.0008	0.0032*	0.0085***	0.0092**
EPS	0.0022	0.0008	0.0030	0.0108
FCFE	0.0002	-0.0011	-0.0016	-0.0025
log *ASSET*	0.0035***	0.0045*	0.0014	0.0039
ROA	-0.0092	-0.0039	0.0048	0.0063
TOBIN*Q*	-0.0025**	-0.0130***	-0.0303***	-0.0377***
PENALTY	-0.0014	-0.0156	-0.0220**	-0.0501***
AUDIT_ OPINION	0.0143***	0.0568	0.0642***	0.01101***
Adjusted R^2	0.0151	0.0394	0.0210	0.0346
F 检验	7.8474***	18.3094***	9.5456***	17.0212**

注：将市场反应作为自变量，对应计利润以及其他控制变量回归，四列数据分别表示不同的时间窗口，*，**，*** 表示双尾检验在 10%，5%，1% 上显著。

表 7.4　市场对操纵性应计利润绝对值（|*CA*|）的反应

变量	*CAR*01	*CAR*10	*CAR*20	*CAR*30
c	-0.0939	-0.1409	-0.0578	-0.1507
|*CA*|	-0.0183**	-0.0753***	-0.1421***	-0.1730***
控制变量				
D/A	0.0007	0.0030*	0.0081**	0.0087**
EPS	0.0029	0.0036	0.0082	0.0163
FCFE	0.0003	-0.0010	-0.0014	-0.0022
log *ASSET*	0.0023***	0.0043*	0.0011	0.0034
ROA	-0.0134*	0.0366**	0.0582*	0.0726*
TOBIN*Q*	-0.0019	0.0106***	0.0257***	0.0321***
PENALTY	-0.0013	-0.0154***	-0.0216**	-0.0496***
AUDIT_ OPINION	0.0142***	0.0560	0.0642***	0.0118***
Adjusted R^2	0.0151	0.0405	0.0332	0.0378
F 检验	8.1739***	19.8516***	10.9049***	18.9456**

注：将市场反应作为自变量，对应计利润以及其他控制变量回归。四列数据分别表示不同的时间窗口，*、**，*** 表示双尾检验在 10%，5%，1% 上显著。

7.5 公司治理对盈余管理市场反应的影响

由于公司治理结构的复杂特性，学术界并没有统一的度量治理结构的指标。许多研究采用单一的指标或者复合系数来建造一个公司治理指数，以衡量公司的治理质量。*Larcker* 等（2007）质疑这种方法并不能充分体现公司治理结构的多样性，这样的单一指标带来的后果是估计模型的不一致性并且估计误差巨大，此外，单一的指标也不能直观解释。主成分分析法似乎是度量公司治理结构的有效方法，因为其能够在不损失信息的基础上将相关程度较高的治理结构变量整合，从而减少了变量的维度，为解释结果提供了便利。

本书在分析公司治理结构的各种机制过程中依据降维的思想采用了主成分分析法（*principal components analysis*），在因子过程的提取中，主成分因子所包含的原始信息由单位根表示。判断主成分个数的方法一般有两种：第一种方法是常识判断，选取单位根至少等于一的主成分，该方法又称为莱顿单位根法则，即选取的主成分至少比单一变量包含的信息要多。第二种方法则是看主成分的累积方差解释能力之和，一般要求所选取的主成分需要累积解释 80% 以上的原始信息。此外，为了使得各主成分因子的典型代表量更加突出，本书对原始因子载荷进行了方差极大正交旋转的操作。使得因子载荷的平方按列向 0 和 1 两极转化，以达到结构简化、排除噪声干扰的作用。

从本章第二节的分析中得出市场只对操纵性应计利润绝对值做出反应，此外，这种反应随着时间期的扩大而变得更加负向。因此，本书为了研究公司治理结构对盈余管理市场反应的影响，将在本章第二节的原有回归中加入公司治理结构与盈余管理的交互项，即 $Accruals_{it} \cdot Gov_{it}$。回归中盈余管理程度 $Accruals_{it}$ 用操纵性应计利润的绝对值（$|CA|$）表示，而 Gov_{it} 则是代表公司治理结构的主成分。交互项回归系数表明了在公司治理结构（主成分）变化的情况下，市场对盈余管理的反应如何相应变化“若回归系数为正，则表示该主成分的增加使得市场对盈余管理的逆向反应程度减弱，而负的回归系数则表示该主成分增强了市场对盈余管理逆向反应的程度”，本书的原假设认为，健康的公司治理结构能够帮助投资者更有效地识别盈余管理，从而做出更加激烈的逆向反应，反之亦然。

$$CAR_{it} = c + \beta_{it}Accrual_{it} + \gamma_{it}\text{variables}_{it} \cdot Gov_{it} + \sum \delta_{it}Control_{it} + \varepsilon_{it} \tag{7.6}$$

表 7.5 展示了模型（7.6）的回归结果，与之前研究一致的是，平均累计超额收益与操纵性应计利润绝对值的回归系数显著为负，说明投资者会对盈余管理行为做出逆向的反应。交互项股权结构主成分有显著为正的回归系数，表明当公司的股权结构恶化时（显示为第一大股东持股、国有股比例增加，而第二到第十大股东相对持股比例、流通股比例降低），公司的投资者无法充分有效地识别公司盈余管理行为，导致了投资者对盈余管理的逆向反应不足。此外，本书还发现了外部控制主成分的回归系数显著为负，说明当公司外部控制力改善时（更强的债权人控制、发行 B 股或 H 股、更好的财务审计意见），公司的投资者能够更加有效地识别其盈余管理行为，引致了对盈余管理更加逆向的反应。由于其他交叉项的回归系数不显

著，本书无法进一步得出其他公司治理变量对市场盈余管理反应的影响。本书将在下一章的稳健性检验中以多元回归的方法检验回归结果的稳健性以及其他变量对市场盈余管理反应的影响。

表 7.5　模型（7.6）回归结果：公司治理对盈余管理市场反应的影响

变量	CAR（-1，1）	CAR（-1，10）	CAR（-1，20）	CAR（-1，30）
截距项	-0.101***	-0.183***	-0.12	-0.273**
|CA|	0.046	0.013	-0.458	-0.413
公司治理变量				
FIRST	-0.042	0.196	0.692**	0.785**
SHOLD	-0.001	0.002	0.238	0.103
STATE	0.022	-0.016	0.090	0.123
BIGS	-0.032*	-0.106**	-0.218**	-0.245**
ANALYST	0.000	0.000	0.000	0.000
AUDIT_ OPINION	-0.033**	-0.101***	-0.128*	-0.232***
D/A	0.002	-0.008***	-0.014***	-0.021***
控制变量				
FCFE	0.000	-0.001	-0.002	-0.003
TOBINQ	-0.001	0.012***	0.026***	0.031
EPS	0.007***	0.021***	0.028***	0.052
ROA	0.018**	0.055	0.067	0.115
Adjusted R^2	0.015	0.031	0.020	0.031
F 检验	6.047***	11.3652***	7.406***	7.831***

7.6
实证研究结果分析

本节采用非修正的 Jones 模型计算得出了操纵性应计利润指标，同时不进行主成分分析法的处理，而同时对所有公司治理指标直接进行多元回归，得出的结果与第四章一致：（1）合理的股权结构，包括更小的最大股东持股比重（*FIRST*），更大的第二至第十大股东相对持股比重（*SHOLD*），能够在一定程度上帮助投资者识别盈余管理的行为，并做出更加逆向的反应。（2）从外部治理的角度来看，更加严格的审计事务所（*BIGS*）、更良好的审计意见（*AUDIT_ OPINION*）以及更强的债权人控制力也能够帮助投资者识别盈余管理行为，做出逆向的市场反应（表现为更低的超额收益）。（3）更高的成长性（*TOBINQ*）、良好的股东收益（*EPS*）的公司更受到投资者的偏好，表现为公告日之后更高的超额累积收益。

在完成盈余管理的计量后本书进一步研究了投资者对盈余管理的反应，发现了操纵性应计利润绝对值和累计超额收益之间的负向相关关系，证明了投资者可以识别盈余管理并做出反应。更重要的是，投资者识别盈余管理的过程需要一定的时间，时间窗口越大，逆向反应越激烈。该结论在运用非修正 Jones 模型进行稳健性分析的过程中依然成立。

当投资者的反应明确了之后，本书进一步探究了公司治理结构对盈余管理和投资者反应的影响。本书运用主成分分析简化了分析的维度并保持了 64% 原有的信息，通过一系列回归的分析，本书得出了以下主要结论：

（1）合理的股权结构、独立的董事会、管理层和股东利益的一致性以及较强的市场监督约束力能够在一定程度上抑制公司的盈余管理行为。

（2）合理的股权结构和更强的公司外部控制力能够帮助投资者更好地识别盈余管理。运用非修正 Jones 模型以及直接多元回归得出的稳健性检验结果与这两个结论基本一致，其中合理的股权结构不但能够约束公司的盈余管理行为，并且可以帮助投资者有效识别盈余管理，并且结论准确。

第八章

会计准则变迁与上市公司盈余管理博弈分析

8.1 会计准则综述

会计准则在不断地完善和变化，而不是一成不变的。会计信息是为广大的信息使用者服务的，信息使用者在不同的经济发展阶段有着不同的会计信息需求，也就是说，会计信息总要适应不同的发展阶段，会计准则总是要与当时的经济环境相适应。经济不断发展，会计准则日益变迁，经济背景决定着会计准则演进的方向，会计准则的不断完善也对作为市场微观主体的企业起着至关重要的作用，进而影响着经济的发展，两者相互影响，相互促进。

进入21世纪，我国经济进一步发展，全球经济也在不断融合。跨国公司发展迅速，规模日益壮大，国内外会计准则的巨大差异在一定程度上阻碍了经济的深入发展，国内外会计准则的趋同成为我国会计准则发展的必然趋势。在借鉴国际会计准则的基础上，我国会计制度制定者于2006年发布《企业会计准则》（以下后称新准则），这一举措使得我国向国际会计准则的趋同之路迈进了一大步。经济体制市场化和国际市场全球化，促进了企业的创新和业务的扩展，使得企业需要更高质量、更客观准确的会计信息来反映越来越复杂的经济业务；同时，国际财务报告准则对世界各国会计准则的制定和会计发展的影响逐步扩大，会计准则国际趋同已是大势所趋、潮流所向的客观事实。2006年2月，我国会计制度制定者印发了《企业会计准则》，并于2007年1月1日起正式施行。这次与国际财务报告准则趋同的会计制度变迁，是我国会计界的里程碑。

8.2 我国会计准则变迁的历史阶段

第一阶段：市场经济初期的会计准则（1978～1992年）。

这一阶段基本处于会计准则的摸索阶段。从1978年开始，我国开始了会计制度的重建与规范，对企业会计制度进行了一系列调整改进。1985年发布了《中外合资经营企业会计制度》，这是我国市场经济体制下企业会计制度变迁的先导。进入20世纪90年代，计划经济逐渐被市场经济所取代，会计制度制定者对市场的管制逐步放开，各行各业亟待发展，也急需一套完整的会计准则来指导实践。1992 年 11 月 30 日，经国务院批准，我国发布了《企业会计准则》。该准则适用于设在我国境内的所有企业，并于 1993 年 7 月 1 日开始生效。1992 年颁布的《企业会计准则——基本准则》是我国会计在确认、计量、记录、报告等方面的一次国际接轨，开创了我国社会主义市场经济体制下企业会计制度全面变迁的先河。但是与国际财务报告准则仍存在很多差异。这一阶段，我国处于计划经济时代，会计制度基本以苏联的统一经济核算模式为蓝本。当时也没有建立现代企业制度，国家经济以国有企业为主，经营者薪酬为固定工资，也没有资本市场流通。因此，此阶段企业几乎不存在盈余管理的动机与空间，也没有相关资料表明企业存在盈余管理行为。

第二阶段：探索和发展的会计准则（1992～2006 年）。

1992 年，我国发布了第一号企业会计准则，开启了我国会计制度变迁的序幕。随后又制定了工业企业、商品流通企业等 13 个全国统一的行业会计制度。自 1996 年起，制定了《关联方关系及其交易的披露》、《现金流量表》等 16 项具体会计准则，初步建立了我国会计准则的基本架构。

这一阶段我国会计制度由计划经济模式转向市场经济模式并逐步与国际会计惯例接轨。企业经营管理者可以通过会计政策的选择进行盈余管理，以谋求自身利益的最大化。根据我国 1995 年颁布的《合并会计报表暂行规定》，母公司合并报表的范围是能够为母公司所控制的被投资单位。母公司可通过改变投资比例来改变控制关系，进而改变报表合并范围，进行盈余管理。比如降低亏损子公司的投资比例，将其从合并会计报表中剔除。

1998 年发布《债务重组》准则，引入了公允价值，允许债务人将重组债务账面价值与转让的非现金资产的公允价值或股权的公允价值之间的差额确认为债务重组收益，并在利润表中反映。但由于我国当时的资本市场极不发达，相关的公允价值很难真正达到“公允”。这样债务重组成了上市公司盈余管理调节利润的“利器”，使靠债务重组增加利润一度成为一些上市公司的“救命稻草”。很多企业通过关联方之间的债务重组进行盈余管理，谋取租金。比如 ST 中华 1999 年就利用这条准则的规定通过债务重组在财务报表上制造了 36639 万元的收益。在 1999 年颁布《非货币性交易》准则之前，对非货币性交易的会计处理并没有明确的规则，于是企业按照各自的利益和理解进行账务处理，也给予了企业实施盈余管理以极大空间。

我国加入 WTO 后，企业经济活动的国际化要求我国会计准则与国际接轨。国务院于 2000 年发布了《企业财务会计报告条例》，具体规定了财务会计报告的内容和编制要求，为规范我国会计市场的信息披露提供了制度安排。同年又颁布了《企业会计制度》，实现了我国会计制度与国际会计规则的基本协调。针对市场新经济现象于 2001 年修订了《现金流量表》、《投资》等，同时出台了《存货》、《无形资产》等准则。2006 年前我国已出台了 20 多个具体会计准则。这一阶段会计制度变迁的特点是，试图建立起与我国社会主义市场经济相适应、与国际规则相协调、覆盖各行业的企业会计制度与企业会计准则并存。这一时期的会计制度与盈余管理的关系主要体现在以下几点：

1. 改公允价值为账面价值

2001 年对五项具体会计准则进行的修订，主要在于改公允价值为账面价值。关于非货币性交易资产的入账价值由原来的公允价值改为账面价值，对非货币性交易一律按同类非货币性交易处理，一般不确认收益，目的在于堵塞管理当局利用资产置换调节利润的漏洞。关于债务重组，基本取消了公允价值，并规定债务重组收益不计入当期损益，而计入资本公积，可以防止企业利用债务重组收益进行盈余管理行为。

2. 规范关联交易

会计制度制定者在2001年年底出台《关联方之间出售资产等有关会计处理问题暂行规定》，上市公司关联交易产生的资产重组超出账面值的转让收益，以及显失公允的关联交易价格部分不得被确认为利润，这一规定，在一定程度上制止了企业管理者通过关联交易来进行的盈余管理行为。沪深两市上市公司2001年度的年报显示，1100多家上市公司的平均每股收益为0.1449元，净资产收益率为5.86%，远低于2000年的0.2029元和7.66%。而2001年度的中报显示上市公司中期加权平均每股收益为0.12元，这与年报的数字极不相称，上市公司下半年的业绩如此大幅度下滑与宏观经济走势不相协调，这证实了这一系列会计制度的变迁压缩了企业盈余管理的空间。

3. 新增四项资产减值准备，同时允许长期资产的减值损失予以转回

长期资产减值转回行为往往成为盈利较差公司粉饰其盈利能力的手段，也是扭亏公司摆脱亏损的主要途径之一。上市公司在补提2001年年初新增的四项资产的减值准备时，属于会计政策的变更，采用了追溯调整法，并不会影响2001年度的利润，从而使得2001年1月1日开始执行《企业会计制度》的某些上市公司出现了“疯狂”计提减值准备的现象。仅以2004年为例，当年减值损失转回金额最大的20家上市公司，都不同程度地通过转回前期资产减值损失人为地操纵利润，其中2家ST公司成功地摘除了ST；4家上市公司避免当年出现亏损；6家上市公司维持和提升了经营业绩。

4. 存货发出计价方法的会计政策选择

2002年5月存货6准则规定，存货发出计价方法包括个别计价法、先进先出法、后进先出法、加权平均法、移动平均法，企业可以根据需要选择其中的一种。不同的计价方法计算出来的销售成本会有所不同，从而影响企业的当期利润。因此，企业可以利用存货发出计价方法变更进行盈余管理。

第三阶段：经济全球化背景下的会计准则（2007年至今）。

自2007年1月1日起我国施行了修订后的《企业会计准则——基本准则》和《企业会计准则第1号——存货》等38项具体准则，包括了关于股份支付、金融工具确认和计量、套期保值、石油天然气开采、外币折算等方面的内容，为我国经济发展中出现的新情况给出了会计处理的法定依据和规范。新准则中权责发生制和历史成本不再作为会计核算的基本原则，在存货、投资性房地产、非货币性资产交换、资产减值准备、债务重组、合并会计报表和金融工具等方面进行了较大的修改或重新制订。

我国新会计准则体系的建立满足了投资者、债权人、会计制度制定者等会计信息的使用者和企业管理层对会计信息的需求，进一步提高会计信息质量，并且规范会计行为，最终达到维护社会公众利益的目的。会计准则的变迁是为了不断满足信息使用者的需求，向包括投资者、债权人等在内的企业利益相关者传递企业真实可靠的财务、经营信息。一方面，新准则对盈余管理实施了一些限定制规定；另一方面，新准则给了企业管理当局更多的会计政策选择权，会计事项的处理更多地取决于会计人员的职业判断，因此，新准则为盈余管理提供了更大的空间，企业盈余管理的手段也推陈出新。

8.3 盈余管理与会计准则互动关系的理论分析

盈余管理不同于会计舞弊，会计舞弊是经理人刻意地粉饰会计报表的违法行为，而盈余管理是在公认会计准则范围内进行的。由于会计理论与实践的差异性、各个企业的千差万别、会计人员对准则的不同解读，加之会计准则并不是一成不变的，所以，会计在对企业的财务活动进行记录、处理时往往存在着选择空间和相应的职业判断，人的各种主观因素参与其中，不可避免会使得管理人员对财务报告有着不同程度的盈余管理。

会计准则与盈余管理相互影响、相互作用。一方面，会计准则的不断完善减少了盈余管理的空间；另一方面会计准则固有的性质，又为盈余管理提供了基础。盈余管理也作用于会计准则，从一定程度上影响准则的制定。会计准则的颁布总是基于特定主体的利益和愿望，是相关利益主体间博弈的结果和妥协的产物，企业经理人对盈余管理的诉求便会影响会计准则的制定。

本章将从理论角度进一步阐述盈余管理与会计准则制定的内在联系。

8.3.1 会计准则对盈余管理行为起约束作用

在现代公司制所有权和经营权分离的情况下，企业管理者必须通过递交财务报告来反映企业的财务状况和经营业绩，以便和股东、债权人等相关利益人进行商业沟通。为控制管理者可能发生的逆向选择和道德风险问题，作为公认的会计准则，能够为双方的有效沟通提供一种成本低廉且相对可信的手段。理想状况是，会计准则使得经营绩优的企业有别于经营绩劣的企业，从而促进投资者的有效决策和资源的有效配置。

会计准则是从技术角度对企业会计实务进行规范，它不仅是会计核算的标准，也是注册会计师审计执业和事后惩戒的重要依据。我国会计准则对国内所有上市公司均有约束力，因此，会计准则的建设是从源头上控制盈余管理行为。相对于其他盈余管理的制约因素，会计准则是事前地、直接地对盈余管理行为进行普遍性控制，因此，会计准则对盈余管理的约束作用是最为关键的。

8.3.2 会计准则是规范会计信息的保障

对于经营状况良好的企业来说，管理者有披露会计信息的动机，以便使自身和经营状况不好的企业区别开来。但是，在没有财务报告管制的情况下，即使是经营状况恶劣的企业也会披露会计信息，宣称自己经营状况良好。其结果是证券市场形成一个“混同均衡”的状态，外部投资者和债权人无法区分企业的优劣，或者选择“用脚投票”离开资本市场，或者把所有企业都视作比披露信息程度差。其结果必然导致股票价格的下跌和市场利率的上涨，从而增加企业的融资成本。20 世纪初，美国股份制企业高速发展，由于经营者和所有者之间的信息不对称，以及缺乏对外披露财务报告的规范，经营者完全凭自己意愿决定会计程序和报告内容，所有者处于严重的信息劣势，导致外部股东利益受损事件不断发生。很难想象，投资者买了股票却无人提供定期报告，从未见到过资产负债表，捏造的盈余报告被肆无忌惮地抛出，许多公司甚至不披露收益状况。这种混乱状况是导致 30 年代初美国金融机器停止运转的重要原因。为了应对危机，美国会计师协会批准了 George May 委员会拟订的五条原则和增补的一条，作为认可的“会计原则”，形成了会计准则的雏形。会计准则之所以产生，就是为了遏止由于信息不对称产生的利润操纵，重塑投资者对会计信息的信心。在企业的日常会计实务中，对会计信息进行确认、计量、记录和报告等一系列会计流程，都必须按照会计准则的规范要求去执行。这必然会对管理当局会计选择的自由度进行限制，从而对企业会计信息的质量提出了要求。如果严格按照会计准则的要求生成会计信息，无疑能有效防范盈余管理行为的发生。例如，我国 2006 年颁布的新会计准则规定，对资产计提的减值准备，一经确认不得恢复，只能在资产处置时进行会计处理。新会计准则实施后，上市公司通过计提资产减值设置“秘密准备”以及冲减资产减值作“巨额冲销”进行盈余管理的手段将不复存在。利用会计准则规范会计实务，是从源头上阻止盈余管理的发生。

8.3.3 会计准则是审计和事后惩戒的依据

为了确保上市公司提供的财务报表能够公允地反映公司的经营业绩和财务状况，除了对会计信息的确认、计量、记录和报告要遵循会计准则的规定外，财务报表在公布前，还须经过审计师的审计，对公司披露的会计信息进行检查和验证，确定其披露的会计信息是否真实、公允、合法、合规，对投资者的决策是否相关，会计处理是否前后一致，对一些重要事项是否进行了披露等等，并出具书面证明。审计师对这些问题发表意见时，所遵循的依据就是会计准则。此外，监管部门对于上市公司会计信息披露中存在的虚报、误报、失实、舞弊等问题进行惩戒，也必须依据会计准则进行认定。1997 年 5 月，我国为对当时涉嫌会计年报违规的琼民源股份有限公司进行调查和处理，出台了我国第一个具体会计准则《关联方关系及其交易》，使得对琼民源的查处有据可依。

8.4 会计准则为盈余管理行为提供机会和空间

会计准则是规范性（约束机制）和灵活性（剩余选择权）适度平衡的结果。会计准则的剩余选择权，是会计准则规范会计信息生成过程中的灵活性以及赋予企业管理当局的职业判断权利。我国 2006 年颁布《企业会计准则》之前对会计政策是这样定义的：企业进行会计核算时所遵循的具体原则和企业所采用的具体会计处理方法。该定义包含了两个层次的涵义：一是会计制度制定者必须制定可供企业选择的原则和方法，这主要是通过会计准则（含基本准则和具体准则）以及会计制度的制定和实施来体现，例如，会计期间、借贷记账法的规定，各类资产的划分，财务报告的格式等。二是企业必须根据自身的实际情况，在会计制度制定者提供的原则和方法中，选择适合于自身的会计处理方法。企业采用的会计处理方法，前后各期应当一致，不能随意变更。如存货发出时，企业可根据实际情况选择先进先出法、加权平均法或者个别计价法进行计量。对固定资产计提折旧时，企业可选用的折旧方法包括年限平均法、工作量法、双倍余额递减法和年数总和法等。第二层涵义所表达的就是管理当局对于会计准则所拥有的剩余选择权。它是一种客观存在，只要财务报告被用来传递企业经营业绩的信息，管理当局总可以凭借其对经济活动情况的了解，来选择符合企业经济情形的会计处理方法、会计估计和披露方式。

从契约理论角度来看，会计准则在本质上是一个“公共契约”和“私人契约”的复合体。一方面，制定的会计准则是一份通用目的的契约，呈现出一种“公共契约”的特征；另一方面，当零散的小股东和债权人与管理当局之间的私人契约出现衰败和缺位时，会计准则以私人契约的替代身份出现，对私人契约进行补充，约束管理当局会计政策选择的自由度，保护小股东和潜在的投资者。值得注意的是，只有当某类私人契约在现代股份上市交易环境下空缺或衰败时，会计准则才得以进行补充，而将会计准则完全替代私人契约的做法是不可行的，我国统一会计制度的失败就是一个例证。下面从不同角度阐述会计准则存在剩余选择权的原因。

1. 契约成本角度

会计准则作为会计制度制定者和管理当局之间缔结的特殊契约，其缔结过程必然伴随交易费用的发生。前三项主要是从会计制度制定者角度而言，后一项是针对管理当局而言，表现为管理当局缺乏会计政策的选择自主权，企业会计核算缺乏灵活性导致的成本。会计准则可能存在以下三种契约形式：

第一种：会计制度制定者独享会计准则的制定权，追求绝对统一，对会计政策规定得十分详尽（如我国过去的统一会计制度）。这种情况下，会计制度制定者可以在很大程度上降低搜寻信息成本和谈判成本，但是监督成本和外部性成本却极高。

第二种：管理当局独享会计准则的制定（如美国在1910年以前的情况）。这种情况下，管理当局的外部性成本低，但是搜寻信息成本、谈判成本和监督成本却非常高。

第三种：会计制度制定者享有通用会计准则的制定权，管理当局享有会计政策的剩余选择权（这是世界上使用较广泛的模式，也是我国现行的模式）。此种情况下，监督成本较高，外部性成本适中，搜寻信息的成本和谈判成本则相应较低。

选择何种会计准则安排，取决于交易费用四项组成部分的权衡。尽管作为契约缔结双方的会计制度制定者和管理当局都力图最大化自己的效用（表现为降低自身的交易费用），但契约的缔结也是双方博弈均衡的结果。正如美国会计学会（AAA）在《关于会计信息的社会影响的委员会报告》中所指出的，“无论政策制定者是否意识到，每一政策的选择都是对不同个体偏好，以及各种影响的权衡。在这个意义上，会计政策选择永远也不可能是中立的，它总会照顾一些人的偏好而牺牲另一些人的偏好”。从上述三种形式来看，第一种和第二种仅使会计制度制定者或者管理当局单方面受益，只有第三种才考虑到契约双方的利益。因此，博弈的结果必然是会计制度制定者享有通用会计准则的制定权，管理当局享有会计政策的剩余选择权。

2. 委托代理角度

现代企业是一个复杂的、多层次委托代理关系的网络。中间层次的管理者，既是所有者的代理人，受股东大会的委托和监督，又是下层经理和雇员的委托方。会计制度制定者通过会计准则对管理者会计政策选择的自由度加以限制，只是在一定程度上缓和“股东—管理者”委托代理关系中可能出现的肆意操纵会计信息问题。“管理者—下层经理和雇员”委托代理关系中，管理者为了对下层雇员进行最佳的激励和控制，必须根据本企业的特点和外部环境的变化进行相应的调整。如果会计准则完全限制管理当局会计政策选择的自由度，将不利于管理当局同企业内部相关利益人进行协调。这就要求会计准则给予管理当局一定程度的选择余地，以便管理者在企业内部和外部环境发生变化时做出及时调整。

3. 其他

会计准则存在剩余选择权的原因还包括会计准则制定的滞后性和准则制定者的有限理性。随着全球化、技术进步和金融创新的不断发展，企业新的交易类型不断涌现，而准则制定者无法像市场专业人员那样对环境变化及时做出反应，会计准则滞后于会计实践不可避免。另外，由于会计准则制定者的有限理性，他们无法准确无误地预测各种可能发生的交易情况，也无法充分预见会计准则实施后的效果，因此需要提供给管理当局一定程度的剩余选择权。

会计准则的约束机制有力地遏止了盈余管理行为的发生，但由于剩余选择权的存在，会计准则又为盈余管理提供了可能的空间，致使盈余管理无法完全消除。会计准则制定的局限性甚至可能诱发盈余管理的发生。

8.5 涉及盈余管理的会计准则的变化分析

我国会计准则与国际财务报告准则趋同是一种必然的趋势。新会计准则体系的建立体现了制定当局越来越注重会计准则对盈余管理的影响，意图通过新准则的实施，减少人为进行的利润操纵，恶意设置秘密准备，破坏市场秩序的行为。由于本书研究的是会计准则的变迁对盈余管理的影响，下面主要列示的是涉及盈余管理的会计准则的变化。

8.5.1 公允价值计量属性

公允价值在我国的会计准则中运用过程比较坎坷，会计准则制定当局根据国内外的新环境、出现的新问题，不断完善准则，规范市场行为，导致公允价值在我国的运用大致经历了提倡使用、限制使用和重新应用三个阶段。

1. 1997～2000 年的提倡使用阶段

1997 年开始会计制度制定者大力提倡使用公允价值计量。1998 年 6 月，会计制度制定者发布的《企业会计准则——债务重组》首次将“公允价值”概念引入进准则，并且对其进行规定，拉开了我国运用公允价值计量的序幕。在此期间，会计制度制定者颁布了 5 项涉及公允价值的具体会计准则。然而，由于当时我国缺乏活跃的资本市场，公允价值的相关数据很难获取，导致很多企业通过运用这一漏洞人为操纵利润、谋取利益。

2. 2001～2006 年的限制使用阶段

2001 年 2 月和 11 月，会计制度制定者陆续发布和修订的有关具体会计准则中，强调真实和谨慎，取消了大部分有关公允价值计量的条款，而改按账面价值入账。会计准则对于公允价值的调整，是根据我国的实际情况进行的。新准则和新制度对于相关经济业务事项的处理，虽然尽可能地回避了公允价值计量，但这并不是因为公允价值计量属性本身的不足造成的，而是针对我国较为严重的会计失真情况采取的权益性措施。

3. 2006 年至今的重新应用阶段

2006 年 2 月，会计制度制定者正式发布了新企业会计准则。新企业会计准则的制定参照了国际财务报告准则，重新将公允价值计量属性引入基本准则中；同时也充分考虑到了我国现阶段的国情，对公允价值的运用采取了谨慎的态度，有着严格的要求。公允价值能够为企业提供合理的资产、负债的交易价格，在市场经济条件下，能够使交易双方更加公平地进行交易，在资本市场高度发达时，其将成为抑制盈余管理的工具。

8.5.2 发出存货的计价方法

存货的会计核算历史悠久，可以追溯到最初国内商业的起源，是会计核算的核心和基础。在 1985 年 3 月颁布的《中华人民共和国中外合资经营企业会计制度》中明确指定存货的计价方法，开始规范存货的会计核算。在此后我国颁布的准则中，有关存货计价方法变化并不是很明显。直到 2006 年有关部门发布的《企业会计准则第 1 号——存货》，其中规定了四种发出存货成本的方法，分别是先进先出法、月末一次加权平均法、移动加权平均法和个别计价法，取消了后进先出法。

采用后进先出法并不能真实可靠地反映存货的实际流转，很多企业利用存货这一计价方法进行盈余管理，通过调增利润，达到粉饰报表的目的；或者是通过压低利润，以减少纳税。取消后进先出法是 2006 年会计准则、会计制度变迁的重要组成部分，缩减了企业管理层在这方面的操作空间。这不仅是我国企业会计准则与国际财务报告准则趋同的表现，也是因为后进先出法的应用不适合当代通货膨胀日益严重的大背景。

8.5.3 资产减值会计

资产减值会计在我国起源于 20 世纪 90 年代初，相对于其在西方漫长的发展历程，起步比较晚，资产减值会计在我国的发展历程如下：

1. 1992 ~1997 年的二项减值准备阶段

1992 年 1 月开始执行的《股份制试点企业会计制度》中，

首次提到了计提坏账准备的规定，允许计提的坏账准备金可以冲回，但并不是强制执行。这一时期资产减值准备正处于萌芽阶段，主要的计提对象是应收账款和存货。这一阶段资产减值会计在会计处理中的影响是很小的。

2. 1998～2000 年的四项减值准备阶段

1998 年 1 月，由会计制度制定者发布的《股份有限公司会计制度》中，要求上市公司在期末必须根据实际情况计提减值准备，计提对象由两项上升为四项，增加了短期投资和长期投资的减值核算。在此期间不断完善资产减值准备的各项制度，为防止企业随意计提减值提供了可靠的依据。

3. 2001～2006 年的八项减值准备阶段

这一阶段出台的《企业会计制度》中明确提出了资产减值概念，并在原有的四项需要计提减值准备的资产基础上，新增了对固定资产、在建工程、无形资产和委托贷款在必要时计提减值准备，至此需要计提减值准备的资产增加到八项。但是，在此阶段无论资产是否发生减值以及减值的金额，还是资产发生减值的情况是否消失均取决于本企业财务人员的职业判断，这就给予了企业很大程度的自主决定权。导致资产减值在这一阶段主要成为了管理当局进行盈余管理的工具。

4. 2006 年至今的新会计准则阶段

经过近六年的实践，发现因上一阶段资产减值计提政策的一些具体规定存在不完善之处，给企业留下了较大的利润操纵空间。2007 年 1 月开始实行新会计准则。新会计准则将资产减值单独作为一项准则来列示，并对其确认、计量、披露等做出了较详细的规定。该准则最大的亮点在于规定除存货等短期资产计提的减值准备在其资产回升时允许转回外，其余长期资产的减值损失一经确认不再允许转回。这一做法大大遏制了企业滥用资产减值进行盈余管理、调节利润的行为。

8.5.4 债务重组准则

1. 1998～2000 年的首次发布阶段

我国的债务重组准则始于 1995 年，直到 1998 年 6 月，财政部正式向外颁布《企业会计准则——债务重组》。该准则中引入公允价值计量属性和债务重组收益计入当期损益的规定给一些企业留下了操作利润的空间，成为他们“合法”虚增利润的工具。

2. 2001～2006 年的初次修订阶段

由于债务重组收益真实性难以判断，而且公允价值在我国当时的资本市场中难以取得，2001 年 1 月，会计制度制定者修订了债务重组准则。此次修订最大特点是取消了公允价值计量属性，改以账面价值进行核算，而且债务重组中产生的收益计入所有者权益科目，这种做法大大遏制了企业通过债务重组交易进行盈余管理的行为，但是间接地利用资本公积操纵利润的行为依然存在。

3. 2007 年至今的最新修订阶段

2006 年新修订的债务重组准则中又重新引入了公允价值计量属性，且债务重组中的损益计入当期损益。这一项规定又重拾了1998年准则规定，再次实现了与国际会计惯例趋同。但是，我国的证券市场仍处于弱势有效阶段，导致很多企业可能运用非经常性损益调节利润达到各种盈余管理的目的。

8.5.5　合并财务报表会计研究

1. 扩大了合并的空间范围

新会计准则规定母公司在期末编制财务报告时，应将其控制的所有子公司全部纳入合并的范围。这一规定表明，凡是母公司控制的不论是经营规模小的企业，还是具有特殊控制目的的子公司都将纳入合并报表的范围。空间范围上的变更增加了被合并企业的列报数目，使得合并财务报表更加真实地呈现母公司和子公司作为一个企业集团的整体的财务状况和经营成果。

2. 改变了合并的时间界定

新会计准则更加强调实质重于形式原则，准则规定因非同一控制下企业合并增加或者减少的子公司，所产生的收入、费用、利润根据其在报告期的存续时间纳入合并报表中。这些变化在一定程度上减少了管理当局的主观性，抑制了企业的盈余管理。

3. 同一控制下的企业合并改以账面价值为基础核算

由于我国大部分的企业合并是同一控制下的企业合并，公允价值在操作过程中可能受到人为的干预，以致多次出现通过合并重组一夜暴富。新会计准则将合并计价改以账面价值计量，是符合我国当前资本市场的发展程度的。值得说明的是，以上列示出的有关盈余管理的会计准则的变化，只是企业经常使用的主要部分，实际上企业在实际生产活动中运用会计准则粉饰财务报告的手法是多种多样的。

8.6 新会计准则实施对盈余管理的影响

8.6.1 新会计准则实施对盈余管理的制约作用

随着市场经济的发展，股份制公司迅速被公众认可并高速发展，而股份制公司最主要的特点是公司所有权和经营权的分离，由于公司所有者并不直接参与公司的生产经营决策，就必然在公司所有者和经营者之间产生了信息不对称。为了有效地对公司经营者进行监督，统一的会计准则呼之欲出。公认会计准则的产生目的是遏制因为信息不对称而进行的会计信息操纵行为，所以会计准则本身是肩负着准确反映会计信息的使命。

随着越来越完善的会计准则的颁布，企业盈余管理的空间明显缩小了。新会计准则对盈余管理的制约主要有：

1. 长期资产减值

新准则《资产减值》由与 IASB 的趋同转向 FASB 靠拢，规定长期资产减值一旦确认不得在以后转回。这使得资产减值的调节利润的功能大大降低，从而遏制公司滥用资产减值进行盈余管理行为。有研究表明，新准则禁止计提的长期资产减值准备转回，有利于提高会计信息的相关性和稳健性，并且由于会计制度制定者、证监会以及中注协的相关政策实施得当，遏制了上市公司在准则过渡期突击转回计提的长期资产减值准备的动机，从而未出现上市公司“赶集”转回长期资产减值准备的现象，保证了2006年年报收益的合理性。

2. 扩展了关联方定义，减少关联交易非关联化

按照《关联方之间出售资产等有关会计处理问题暂行规定》，对于显失公允关联交易的收益应确认为资本公积入账，而不应计入当期损益。上市公司为摆脱这一规范，将实质性的关联交易非关联化处理；或在关联交易前，关联方通过出让相关股权或中止受让相关股权，在名义上解除其关联关系。对此，新准则对关联方的外延进行了一定扩展，受主要投资者个人、关键管理人员或与其关系密切的家庭成员直接间接地控制、共同控制、重大影响的其他企业均属于关联方。由此可知，企业企图通过将关联交易非关联化的想法不可行。

3. 同一控制下的企业合并以账面价值作为会计处理的基础

新准则《企业合并》规定，在同一控制下进行企业合并，合并方要以相关资产的账面价值作为取得被合并方投资成本。新准则的规定是从我国资本市场的现状和市场经济发育的实际情况出发，谨慎地使用公允价值，规范企业盈余管理行为，避免了控制关系企业借合并滥用公允价值，从而提高了企业利润的可信度。

4. 非货币性资产交换强调账面价值

新准则《非货币性资产交换》规定，对非商业性质的非货币性资产交换，以换出资产的账面价值为基础确认换入资产的账面价值，可以防止关联方之间通过任意估算换出资产的公允价值而进行盈余管理。

8.6.2 新会计准则下进行盈余管理的空间

从会计准则产生时起，就肩负遏制操纵会计信息的重任，但是由于企业管理层为达到特定目的，往往会利用会计准则进行盈余管理。由于每个企业所处的大环境不同，各自面临的情况也不同，就导致会计准则不可能对每一项具体经济业务做出明确的规定，需要企业管理层根据实际情况做出职业判断。而恰恰是会计准则赋予企业这样选择会计政策的权利，使得企业有了盈余管理的空间。新会计准则中仍然允许管理层在经营活动中运用职业判断，这一规定决定了盈余管理存在的必然性，也成为企业盈余管理的最佳突破口。

新会计准则给予盈余管理的空间主要有：

1. 会计职业判断增多

新会计准则的一个最大亮点就是会计职业判断的空间空前扩大，每个会计职业判断都可以作为盈余管理的手段。比如投资性房地产转换的确认条件，符合确认条件的可以采用公允价值模式，不符合确认条件的采用成本模式等，赋予了企业会计职业判断与盈余管理的充分空间。

2. 研究开发的阶段划分

新会计准则中将企业内部研究开发项目的支出划分为研究阶段支出和开发阶段支出，研究阶段支出直接计入当期损益，而开发阶段支出确认为无形资产。对无形资产摊销方法的规定不再仅仅局限于直线法，并且摊销年限也不再固定。在实践中，研究和开发费用之间存在模糊地带，很有可能成为公司平滑业绩的工具，同时企业也可能会通过调节无形资产的摊销年限或者摊销方法来进行盈余管理。

3. 债务重组

新的债务重组准则将债务重组收益计入营业外收入，这就意味着一旦债权人让步，债务人公司将获得当期收益，从而使得企业的账面业绩出现很大变化，因此，上市公司可能会通过关联方债务豁免等方式达到盈余管理的目的。

4. 公允价值计量模式的重构

新企业会计准则按照国际惯例把"公允价值"引入中国会计体系，公允价值的应用、计量形成新准则的一大亮点。具体体现在金融工具、投资性房地产、非共同控制下的企业合并、债务重组和非货币性交易等准则当中。公允价值计量虽然在财务报表中能提供更为相关的信息，但因其具有不确定性、变动性和集合性，因此难以满足会计信息可靠性的质量要求。同时因为未来现金流量的金额、时点和货币时间价值等都是不确定的，在计量的操作上往往面临着很大困难，这些都给公允价值计量留下可选择的空间，客观上增大了管理层运用公允价值进行盈余管理的可能性。

除了上述新会计准则对应计盈余管理的影响外，新会计准则的颁布实施也同样影响了真实盈余管理。虽然在理论上企业进行真实盈余管理需付出的成本比起应计盈余管理要高一些，但是，由于新会计准则实施后企业为达到特定目的而进行应计盈余管理的行为受到了一定的限制，可能会转而寻求相对成本较高的真实盈余管理代替之。而加强对真实盈余管理的研究，有助于多方面了解盈余管理的策略，帮助利益相关者提高解读会计信息的能力。企业的应计盈余管理行为并没有产生像真实盈余管理行为那样的严重经济后果，相对真实盈余管理来说更容易实现，并且相对成本更低。虽然会计准则的变迁影响了盈余管理的手段，也给予应计盈余管理很大的空间，但是新会计准则的内容依旧很大程度地限制了企业的应计盈余管理行为，使得企业不得不另辟蹊径。这样就会使得在新会计准则实施之后，企业的盈余管理行为由应计盈余管理向更加隐蔽的真实盈余管理行为转移。由此可见，真实盈余管理和应计盈余管理间存在一种相互补充、此消彼长的关系。当越来越严厉的会计准则实施后，企业的应计盈余管理行为受到限制，从而引发了企业对真实活动的操控行为。由于真实盈余管理行为是企业对真实活动的操控，与企业正常的经营活动很难区分，这使得企业的真实盈余管理行为更加隐蔽；而且目前审计师对于企业财务报告的审计工作并没有加强对真实盈余管理的审查，这更有利于企业通过真实盈余管理行为操控利润。

本书认为，新会计准则实施后一定程度上抑制了应计盈余管理行为，同时也激发了企业的盈余管理行为转向真实盈余管理。

8.7 投资者与上市公司的博弈分析

上市公司盈余管理的存在与制约涉及很多相关方，如有股东、公司经营者、证监会、会计制度制定机构，经过多方的博弈，达到一个阶段的博弈平衡。这个博弈，由于各个利益方的目标不同，对于盈余管理存在和发展的影响也不同。这里我们分析投资者欲上市工作的博弈机理。上市公司为了少分红给投资者，会调减账面上的盈余以此来减少可分配利润。而投资者则会“以脚投票”通过不投资来减少上市公司在资本市场筹集的资金，从而造成上市公司失去更多的投资机会，引起损失进一步增加，而上市公司为了吸引更多的投资者投资，不调减当年的盈余。这样，投资者和上市公司的无限重复博弈便产生了。

投资者与上市公司的策略组合，有以下四种策略：（投资，调减）、（不投资，不调减）、（不投资，调减）、（不投资，不调减），相应的支付矩阵为（见表8.1）：

表8.1　　上市公司与投资者博弈的支付矩阵

上市公司＼投资者	投资（p_2）	不投资（$1-p_2$）
调减（q_2）	（$E_0+E_2-P_1X_1$，$I_2-L_2-C_2$）	（$E_0+E_2-P_1X_1-P_2$，$-N_2$）
不调减（$1-q_2$）	（E_0，I_2-C_2）	（E_0，0）

在以上博弈模型中，继续假设：

E_0：代表上市公司的正常收益；

E_2：代表上市公司调减盈余所获得的额外收益；

P_1：代表会计制度制定者对上市公司盈余管理所做的惩罚；

P_2：代表上市公司因为投资者的不投资而产生的额外损失；

X_1：代表上市公司实施盈余管理被会计制度制定者发现的概率；

I_2：代表投资者根据上市公司披露的盈余信息投资获得的收益；

C_2：代表投资者获得上市公司盈余信息所付出的代价或成本；

L_2：代表投资者因为上市公司调减盈余而造成减少的分红；

N_2：代表上市公司调减盈余对投资者和社会造成的负效用；

p_2：投资者的投资概率；

q_2：上市公司调减盈余的概率。

设投资者的混合战略为 $S_2=(p_2,1-p_2)$，上市公司的混合战略为 $L_2=(q_2,1-q_2)$。

根据上市公司与投资者的支付矩阵，我们可以计算投资者的期望收益函数（表示为 EI）与上市公司的期望收益函数（表示为 EQ），其中投资者的期望收益函数为：

$$\frac{\partial EI}{\partial q_2}=p_2\times(E_0+E_2-P_1X_1)+(1-p_2)\times(E_0+E_2-P_1X_1-P_2)-p_2E_0+(1-p_2)E_0 \qquad (8.1)$$

上市公司的期望收益函数为：

$$EI = q_2[p_2 \times (E_0 + E_2 - P_1X_1) + (1 - p_2) \times (E_0 + E_2 - P_1X_1 - P_2)] + (1 - q_2) \times [p_2E_0 + (1 - p_2)E_0] \quad (8.2)$$

（8.1）式中投资者的期望收益函数 EI，对监管概率 p_2 求一阶偏导可得投资者的反应函数：

$$\frac{\partial EI}{\partial p_2} = q_2 \times (I_2 - L_2 - C_2) + (1 - q_2) \times (I_2 - C_2) - q_2 \times (-N_2) = 0 \quad (8.3)$$

同样，对（8.2）式中上市公司的期望收益函数 EQ，对实施概率 q_2 求一阶偏导可得上市公司的反应函数：

$$\frac{\partial EQ}{\partial p_2} = q_2 \times (I_2 - L_2 - C_2) + (1 - q_2) \times (I_2 - C_2) - q_2 \times (-N_2) = 0 \quad (8.4)$$

合并（8.3）式和（8.4）式就可以求得投资者的最优投资概率 p_2^*，以及上市公司的最优调减概率 q_2^*，它们分别为：

$$p_2^* = \frac{P_1X_1 + P_2 - E_2}{P_2} \quad (8.5)$$

$$q_2^* = \frac{C_2 - I_2}{N_2 - L_2} \quad (8.6)$$

综合上面的数学推导过程，我们可以知道，在投资者选择是否投资，上市公司选择是否调减盈余的博弈中，*Nash* 均衡是存在的，*Nash* 均衡为：$p_2^* = \frac{P_1X_1 + P_2 - E_2}{P_2}$，$q_2^* = \frac{C_2 - I_2}{N_2 - L_2}$。

因此也就是说，上市公司以 $\frac{C_2 - I_2}{N_2 - L_2}$ 的概率选择调增盈余，监管部门以 $\frac{P_1X_1 + P_2 - E_2}{P_2}$ 的概率进行监管。分析（8.5）式和（8.6）式我们可以得出以下几点结论：

（1）从（8.5）式可以看出：代表会计制度制定者对上市

公司调减盈余所做的惩罚力度 P_1 越大，上市公司管理层不敢轻易进行盈余管理，投资者投资概率相应也就越大。

（2）从（8.5）式可以看出：代表上市公司实施盈余管理被会计制度制定者发现的概率 X_1 越大，投资者投资的概率也就越大。

（3）从（8.5）式可以看出：代表上市公司因为投资者的不投资而产生的额外损失程度 P_2 越大，投资者投资的概率越小。

（4）从（8.5）式可以看出：代表上市公司调减盈余所获得的额外收益 E_1 越大，投资者投资的概率减小。

（5）从（8.6）式可以看出：投资者获得上市公司盈余信息所付出的代价或成本 C_2 越高时，上市公司实施盈余管理的概率就越大。

（6）从（8.6）式可以看出：投资者根据上市公司披露的盈余信息投资获得的收益 I_2 越大，上市公司实施盈余管理的概率就越小。

（7）从（8.6）式可以看出：上市公司调减盈余对投资者和社会的负效用 N_2 造成的损害额越大，上市公司实施盈余管理的概率就越小。

（8）从（8.6）式还可以看出：投资者因为上市公司调减盈余而造成减少的分红 L_2 越大，上市公司实施盈余管理的概率就越大。

由以上对上市公司与投资者的博弈分析可以知道，对上市公司而言，当会计制度制定者为查证上市公司存在调增盈余所花费的成本 C_1 越小、会计制度制定者对上市公司调增盈余行为的惩罚力度 P_1 越大、上市公司调增盈余行为对社会效用 N_1 造成的损害额越大，上市公司调增盈余的概率就越小；当投资者获得上市公司盈余信息所付出的代价或成本 C_2 越小、投资者根据上市公司披露的盈余信息投资获得的收益 I_2 越大、上市公司调减盈余对投资者和社会的负效用 N_2 造成的损害额越大、投资者因为上市公司调减盈余而造成减少的分红 L_2 越小，上市公司调减盈余的概率就越小。

对投资者而言，会计制度制定者对上市公司调减盈余所作的惩罚 P_1 越大，上市公司实施盈余管理被会计制度制定者发现的概率 X_1 越大，上市公司通过盈余管理调减的额外收益 E_2 越小，投资者投资概率就越大；上市公司因为投资者的不投资而产生的额外损失 P_2 越大，投资者投资概率就越小。

通过对以上博弈模型的分析，可以得出以下结论：

（1）会计制度制定者加大对上市公司的惩罚 P_1，既可以降低会计制度制定者的最优监管概率，又可以降低上市公司的最优调增盈余概率。由此可以看出，会计制度制定者加大惩罚力度是治理上市公司盈余管理问题的关键办法。

（2）会计制度制定者监管上市公司所付出的代价或成本 C_1 和投资者获得上市公司盈余信息所付出的代价或成本 C_2 的增大分别会造成上市公司的最优调增概率和最优调减概率的上升。

（3）对投资者而言，证监会查到的概率 X_1 的增大可以增加投资者的最优投资概率，事实上当 X_1 为 100% 时，也就是会计制度制定者能完全查出上市公司的盈余管理行为时，投资者投资的概率最大，由此可以看出，会计制度制定者查处的效率对证券市场的发展有一定的正作用。

8.8 会计准则制定者与上市公司管理者的演化博弈分析

由前所述，我们知道在会计准则制定者行为系统中，会计准则制定者与上市公司管理者是一对策略互动主体，他们是在互相研究对方的策略后做出最佳反应决策，在有限理性条件下，会计准则制定者与上市公司管理者的短视经济行为，其策略反应是一种不断调整的动态过程，因而表现出行为生态学的特征。演化博弈论是把博弈理论分析和动态演化过程分析结合起来的一种新理论，最初产生于行为生态学。它从有限理性的个体出发，以群体为研究对象，认为现实中个体并不是行为最优化者，个体的决策是通过个体之间模仿、学习和突变等动态过程来实现的。随着博弈论研究的深入，演化博弈论在经济社会领域得到了广泛的应用。有鉴于此，本书在前人研究的基础上，将会计准则制定者看做具有有限理性的经济人，从博弈论的角度来分析会计准则制定者和上市公司管理者的行为演化，来研究在金融发展的不同阶段会计准则制定者行为与金融发展的关系，对会计准则制定者行为系统中会计准则制定者和上市公司管理者的行为进行分析，以期揭示会计准则制定者行为的复杂性和动态演化路径，为指导今后我们处理会计准则制定者与金融发展的关系提供理论参考和方向指引。

8.8.1　会计准则演化博弈分析的理论依据

演化博弈论作为博弈论的一个组成部分，是博弈论与演化思想相结合的产物，它最早起源于20世纪60～70年代，费舍尔和汉密尔顿等生态学家经过对动物和植物之间的冲突行为与合作行为研究发现，在大多数情况下，自然界（包括生物界）的演化过程可以运用非理性的博弈论方法予以解释。这个阶段是博弈论在生物学中的运用阶段。1973年，约翰·梅纳德·史密斯首次依据生物自身的演化规律，改造了传统博弈论，建立了生物适应度函数，提出演化稳定策略的概念，为演化博弈理论的发展奠定了基础性的研究。1978年，生态学家泰勒和乔恩克考察了生态演化现象，提出演化博弈理论的基本动态概念——复制动态过程，这是演化博弈理论的正式形成阶段。第三个阶段是演化博弈理论的发展阶段。鉴于演化博弈拓展了传统博弈的范畴，经济学家又将生物学家的演化博弈理论运用到经济问题的研究中，进一步推动了演化博弈理论的发展，创建了随机稳定模型（stochastically stable equilibrium, SSE），并由确定的复制动态模型拓展到随机的个体学习动态模型；凯布拉斯和施拉格考虑了改变策略的概率与得益差值成比例关系的情况；吉尔伯亚和马脱西则考虑了理性水平高于只会简单模仿的，能够意识到得益函数并进行一定优化分析的博弈方，提出了“最优反应动态”概念，其思路在一定程度上填补了高理性要求的学习和基本上无理性要求的进化之间的空白，将学习机制和狭义的进化机制统一了起来，为演化博弈论的运用开辟了道路。最优反应动态模型和复制动态过程构成了演化博弈理论的核心及其后期发展的演化博弈论的主要分析工具。

生物学与经济学在运用演化博弈论时，各自的概念和前提有所不同。最优反应动态通过调整和沟通生物学运用演化博弈论时的概念和前提，使得演化博弈论在研究经济问题时得到广泛运用。最优反应动态是演化博弈理论中经典模型，该模型适用于少数具有快速学习能力的有限理性博弈方在动态重复博弈中的动态分析和演化过程描述。最优反应动态理论认为，博弈参与人缺乏准确判断能力和完全理性分析能力，但是却具有快速学习能力，在每次博弈结束后，博弈方会对以前博弈的结果进行分析和总结，对不同结果做出比较正确的事后评估，从而对其策略进行调整。因此，给定前期的经验（博弈结果），在本期各个博弈方均能找到和采用针对前期其他博弈方策略的最优反应策略。经过博弈方反复的动态的策略调整，最终能够形成演化稳定策略，即得到博弈均衡解。运用该模型分析并不在于得到最终的博弈均衡解，其目的是有限理性的博弈方组成的群体内各博弈主体的策略调整过程、收敛趋势和稳定性结果。

演化博弈这种动态分析方法在分析诸如社会制度形成、社会习俗演化等现象时获得了极大的成功。目前，我国学者已经运用演化博弈理论来分析供应链、电力竞价、研发等方面的问题。分析会计准则与盈余管理关系的理论依据如下：

（1）会计准则系统利益相关人的有限理性是演化博弈分析的前提。事实上，在会计准则系统中，各个利益相关人，无论是作为投资者的企业，还是作为被投资者的企业等均受制于未来环境的不可预知性，受制于自身的知识水平、推理能力、信息收集和处理能力，受制于信息成本等限制，其只能具有有限理性。在有限理性的条件下，会计准则系统的各个利益关系人的行为模式不可能是“最优”，他们选择的会计准则往往不是“最优策略”。

（2）会计准则“均衡”更多依赖于稳定的自然演进机制实现。在“有限理性”的条件下，会计准则系统利益相关人在博弈开始前不能准确知道对方的策略和均衡结果，也不能在整个博弈中都使用正确的策略，但他们有获得信息、学习和总结经验并正确调整行为的能力。利益相关人寻求更优会计准则，往往不能在瞬间完成，而是在博弈过程中，根据情况和新的信息通过学习、试错、模仿等方式不断地适应环境并渐进调整判断与改进策略，创新“更优”的会计准则，达到会计准则均衡状态，《债务重组》准则的几度变迁就是一个典型例子。

（3）会计准则系统中各类利益关系人可以视作“群体”。有限理性的每类利益关系人（例如投资者）中的每一个具体的利益关系人（例如投资者甲、投资者乙）被统一作为“群体”。分析之后，就能够以“群体”代替“个体”，以群体中选择不同纯策略的个体比重代替混合策略。因此，有限理性的会计准则使某利益关系人除了依赖自己的经验，还可以通过学习、模仿其他利益关系人，以及整个博弈过程中的群体分布情况来获得决策信息。在厘清演化博弈的运用依据的基础上，运用演化博弈论分析会计准则变迁就有其内在的研究价值。事实上，在盈余管理实施过程中参与博弈的各方通常是有限理性的，因此，运用演化博弈方法来分析会计制度变迁不同阶段会计制度的制定者和上市公司管理者的盈余管理行为机理是非常恰当的。

8.8.2　博弈模型的基本假设

为了建模的方便，我们这里做以下假设：

（1）我们假定在博弈战略中，各博弈主体都遵循斯密的经济人假说，且都具有有限理性。有限理性通过惯性依赖、短视策略和试错法等博弈手法体现出来。我们还假定新古典经济学的效用理论和成本—收益理论在模型中仍然适用。

（2）会计准则制定者和上市公司管理者在博弈中采取的博弈策略遵循效益最大化和风险最小化原则。

（3）假定各博弈主体具有固定的步法和信息交换序列的模式，各博弈主体的行为策略具有连续性和时效性，博弈的演化符合正和博弈的增益性假设。

（4）投资者根据股权大小，可以分为大股东、机构投资者、小股东。由于大股东对上市公司的影响很大，大股东的利益一般情况下与上市公司的利益是一致的，他们和小股民对公司分红的观点不同，上市公司的大股东为了企业的长期发展，更愿意上市公司的股利政策是少分红，而对红利敏感性很大的散户们则认为“二鸟在林，不如一鸟在手”，希望每年都有稳定的现金流入。因此，出于研究如何保护大众股民的利益，这里本书假设投资者为小股东。

（5）主体行为理性。主体的行为始终以实现自身利益最大化为目标，博弈各方为了使自己的目标函数最大化，都会选择最优的决策。对于上市公司而言，由于它们是以盈利为目标的组织机构，所做决策几乎都是围绕股东价值最大化；对于投资者而言，他们不断地选择理想的公司进行投资，实现年收益最大化。

（6）博弈规则是透明、公开、既定的，上市公司与会计准则制定者、上市公司与投资者各自的策略和不同策略下的支付函数是双方的共同认识。博弈双方在对待盈余管理问题的运作时都不存在技术上的问题。以上市公司与会计准则制定者之间的博弈为例，上市公司是否实施盈余管理，完全视上市公司的主观意愿而定，不存在上市公司想实施盈余管理却无法实施和进行掩饰的问题；对于会计准则制定者来说，只要想鉴别上市公司是否实施了盈余管理，就一定能达到目的；对于投资者来说，则意味着可以分析出上市公司当年有没有主观调减盈余的动机。

8.8.3　博弈双方立场分析

会计制度的起源、变迁都与公司盈余管理密切联系，会计制度制定者和上市公司的管理者之间进行着一场长期的、复杂的博弈。

1. 会计制度制定者的博弈立场分析

（1）会计制度制定的理论假设——利益集团假说。在会计界存在两种理论假设：公众利益假说和利益集团假说（威廉·R. 斯科特，2006）。公众利益假说有两个方面局限性，第一，对于社会利益最大化这一目标，很难找到适合的标准来衡量；第二，制定者的角色扮演未必能如此超然，总会在某种程度上满足一部分利益而又损失另一部分的利益，其监督成本可能既高昂又无法实施。会计制度的制定必须引入利益集团假说，包括公司管理者和投资者，不同的利益集团从不同的角度影响会计制度的制定并实施压力，最后会计制度必须在最大化公众利益基础上，充分协调其他团体利益最大化。鉴于会计制度制定者的有限理性，不可能充分预见未来出现的各种经济情形，因此根本不可能制定出完善的会计制度。会计制度制定者本身的认知有限性和外界环境的不确定性、理想和现实的差距，都使得会计制度制定者在博弈中无法完全超然。

（2）会计制度制定的最终目的——规范会计行为。现代意义的会计制度最终的目的就是遏制由于会计信息的不对称而产生的会计操纵行为，保证会计信息披露质量，从而维护资本市场和经济实体的正常运行。相对于英美会计制度的制定模式，我国会计制度的制定机构是会计制度制定者，会计制度制定者重在引导和规范整个市场。由于经济实体和经济环境的不同，制定者必须给予公司一定的政策选择权。根据科斯的交易费用理论，如果会计政策制定得过于复杂，公司在履行时就会遇到很多繁琐的交易成本，并且最终得到的会计信息却不一定对信息使用者有效。

2. 上市公司管理者的博弈立场分析

（1）上市公司管理者的经营目标——自身利益最大化。首先，企业经营追求的目标是自身利益最大化。企业可能为了平滑利润、扭亏、满足股东的盈利需求而对年度利润进行盈余管理机会行为。其次，由于在管理层的激励措施中，股价和企业的盈利对其薪酬有直接的影响，也加剧了管理层对盈余的操纵行为。这使公司管理者进行盈余管理也存在必然性。具体分析，当上市公司管理层预期违规收益大于预期合规净收益的时，企业会进行利润操纵；当小于 0 时就不会进行利润操纵。这里的净收益是指盈余管理的收益扣除实施操纵的成本和预期的处罚成本之后的净收益。

例如，*ST 大地通过盈余管理虚增利润来达到首次公开募股的标准。*ST 大地通过各种财务数据虚增收入 2.96 亿元，并成功 IPO 募资近 3.5 亿元。如果不被发现，董事长的预期收益就是 3.5 亿元远远大于账务作假和股票发行费用，如此，管理层就肯定有动力进行利润操纵。但是，当事件曝光之后*ST大地面临暂时停盘，董事长的股份被过户到其他股东并且锒铛入狱。如果当时董事长预期的成本是公司停盘和自己入狱，并且发生的概率比较大的时候，增加了预期违规成本，他的预期违规收益就明显低于预期合规收益。

(2) 上市公司影响会计准则的制定。首先，上市公司在依照会计准则执行的过程中，在会计准则的规定范围内会运用会计手段和非会计手段进行盈余管理，以满足自己的利益需求。其次，上市公司可以利用利益集团来影响会计准则的制定。

由于会计准则制定者的立场并不是完全理性的，或者说完全立足于社会公共利益，因此，上市公司利益集团可以利用影响资本市场、就业市场、财政收入等因素来影响会计准则的制定。上市公司利益集团管理者将在会计准则的制定和执行中施加压力。

上市公司盈余管理的存在与制约涉及很多利益相关方，除了前面分析的投资者与上市公司的博弈之外，主要是上市公司的管理层与会计准则的制定者之间的博弈。本书将从二者各自的博弈立场出发，研究博弈展开（利用模型进行分析）；然后从得到的结论中分析制约盈余管理的主要因素；最后，从规范会计准则的角度，针对会计准则制定者提出关于会计制度制约盈余管理的建议。对于会计准则一直改进却仍无法制止公司盈余管理的问题，我国学者也做了一些研究，主要是从会计准则的制定者存在寻租行为进行分析。张鸣用寻租理论分析会计制度选择，认为利用会计政策选择的寻租行为是一切社会利益竞争的“负和博弈”，但同时又认为会计政策选择也有利于租约的消散，最终确保会计准则的选择能符合其制定的根本目标

（张鸣，2001）。还有一些学者提出“会计寻租”一词，认为会计寻租是指“通过对会计制度的制定过程施加影响，以使出台或修改的会计制度于己有利，而对其他社会主体利益造成损害的一种非生产性寻利活动”，并对会计寻租的利弊及存在的客观性进行论证，认为我国目前乃至将来都将因经济的转型而在较长时期内存在会计寻租现象，开展会计寻租研究应成为我国会计界较为紧迫的研究课题（刘广生，2006；雷光勇，2005）。

笔者认为，由于盈余管理的存在既有上市公司自身原因也有制度的缺陷，那么就应该从两者的相互作用上来分析这个问题。因此，本书从上市公司和会计准则制定者的立场出发，按照会计制度变迁的进程采用演化博弈来分析盈余管理一直存在的原因并进一步解释。

8.8.4 模型构建

本书结合不同阶段会计准则制定者行为的特点，将我国会计准则的变迁历程分为三个阶段，由于第一阶段不存在盈余管理的动机与空间，企业也不存在盈余管理行为，因此，本章对第二阶段和第三阶段会计准则制定者与上市公司管理者的博弈行为进行分析。

1. 我国会计准则变迁的第二阶段

在我国会计准则变迁的第二阶段，会计准则制定者具有准则制定者和监督者的双重身份，一方面负有制定准则和修改准则的权力，另一方面对企业的盈余管理行为具有监督权。在向市场经济转轨的过程中，我国会计准则制定者为会计制度制定者，并不同于市场经济国家单纯的社会公共服务提供者的地位。因此，会计准则制定者具有了准经济人的特征。会计准则制定者的目标包括保证会计信息准确和企业经营状况良好。因此，会计准则制定者监督上市公司管理者的增量效用为：

$$\Delta U_G = \begin{cases} \alpha L^2，\text{会计准则制定者对盈余管理行为进行监督} \\ 0，\text{会计准则制定者不对盈余管理行为进行监督} \end{cases}$$

其中，L^2 为会计准则制定者不对准则进行修改时双方所获的增量效用总和，α 为会计准则制定者所获得增量效用的比例，因此，当会计准则制定者与上市公司管理者合作，共同使上市公司经营利润增加时，αL^2 表示会计准则制定者所获得的增量效用（$0<\alpha<1$）；而当会计准则制定者不对企业盈余管理行为进行监督时，其所获得的增量效用为 0。

对于上市公司管理者而言，从股东与上市公司管理者的关系上看，其属于委托代理关系，两者之间存在信息不对称和道德风险问题，上市公司管理者尤其是各级经理出现道德风险的可能性更大，因为他们与委托人的代理链条更长，信息更加具有隐蔽性，出现问题被发现的可能性也更小。在超范围经营风险由股东承担而收益个人获得的情况下，上市公司管理者更倾向于按自己利益最大化的方式选择是否进行有利于自己的盈余管理。因此，上市公司管理者的增量效用函数为：

$$\Delta U_B = \begin{cases} \beta L^2 + I_B，\text{上市公司管理者遵从会计准则，没有盈余管理行为} \\ \lambda L^2，\text{上市公司管理者不遵从会计准则，存在盈余管理行为} \end{cases}$$

其中，βL^2（$\beta>0$）为上市公司管理者与会计准则制定者合作时所获得的增量效用，I_B 为上市公司管理者负责人所获得的个人收益及上市公司管理者所获得的隐性福利，当上市公司管理者选择与会计准则制定者合谋时所获得的增量效用为 $\beta L^2 + I_B$，当上市公司管理者不与会计准则制定者合作时所获得的增

量效用为 λL^2。

在我国资本市场上，上市公司的盈余管理行为有着明显的中国特色，其主要动机是为了应对证券监管机构的监管政策。由于我国正处于经济体制和会计制度变迁时期，这一体制转轨时期产生了大量新的问题和现象，为了保护广大投资者的利益，提高整个证券市场的质量，我国证券监管部门陆续制定了一系列的法律法规来规范上市公司的行为，对上市公司进行监督。具体分为首次发行、配股、增发新股和对亏损公司的处罚规定四个方面。

在会计制度变迁第二阶段的博弈中，博弈双方的策略选择是完全可以预见的，即博弈双方都精确地知道对方会选择何种策略，并且会计准则制定者处于主导地位，可以选择对上市公司管理者的盈余管理行为进行监督，也可以选择不监督上市公司管理者的盈余管理行为，因此，会计准则制定者的行动策略集为（监督，不监督）。上市公司管理者针对会计准则制定者的策略，可以选择遵从会计准则，也可能选择不遵从会计准则，因此上市公司管理者的行动策略集为（进行盈余管理，不进行盈余管理）。

由上述分析，我们得到如下收益矩阵（见表 8.2）：

表 8.2　　收益矩阵

		上市公司管理者	
		进行盈余管理	不进行盈余管理
会计准则制定者	不监督	αL^2，$\beta L^2 + I_B$	βL^2，0
	监督	0，λL^2	0，0

由以上收益矩阵我们可以知道，当会计准则制定者对上市公司管理者的盈余管理行为进行监督，而上市公司管理者不合作时，就无法从会计准则制定者那里获得相关的政策支持，因

此所获得的效用为 λL^2，并且 $\alpha > \lambda$。因此，对于局中人会计准则制定者来说，监督策略为严格占优策略，对上市公司管理者来说，合作策略为严格占优策略，即在该博弈中，会计准则制定者选择监督上市公司管理者的盈余管理行为，上市公司管理者选择遵从会计准则不进行盈余管理时，达到纯策略纳什均衡。

下面我们结合图 8.1 进一步对博弈结果进行分析：

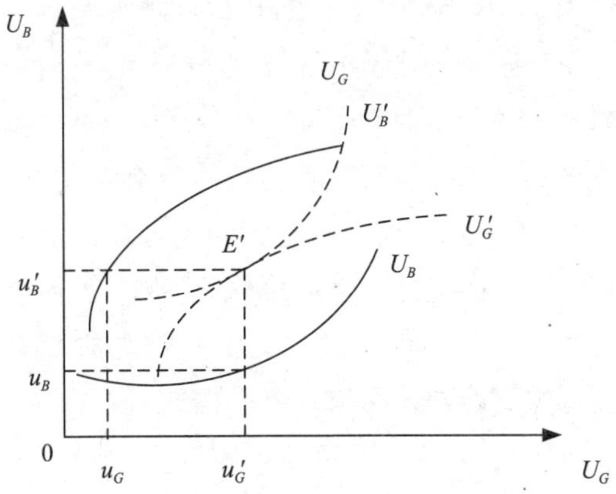

图 8.1　会计制度变迁第二阶段会计准则制定者与上市公司管理者的关系

如图 8.1 所示，在博弈开始时，会计准则制定者的效用曲线用 U_G 表示，当会计准则制定者采取监督措施促使上市公司管理者不进行或减少盈余管理行为时，其效用增加，效用曲线向下移动，这时由于投资者和会计准则制定者可以获得较准确的会计信息，从而上市公司股票价格会上涨。这是由于在我国会计制度变迁的起步阶段，上市公司资源具有准公共物品的性质。对会计准则制定者来说，主要目的在于通过会计准则的制定和监督其运行，对上市公司的经营管理进行监控，因此，会计准则制定者有较强的动力去监督上市公司管理者的盈余管理行为，促使上市公司长远健康发展。当会计准则制定者监督上市公司管理者盈余管理行为时，α 增大，即会计准则制定者的效用增加，这时效用曲线 U_G 向下移动至 U'_G。

对于上市公司管理者来说，上市公司管理者有了利益的激励，就会考虑迎合会计准则制定者的要求，这时 β 增大，上市公司管理者的效用增加，其效用曲线由开始时的 U_B 向上移动至效用曲线 U'_B。U'_G 和 U'_B 相交于 E' 点，在 E' 点，会计准则制定者和上市公司管理者获得的效用分别为 u'_G 和 u'_B，而由博弈开始时双方的效用曲线 U_G 和 U_B 可知，与 E' 点对应的会计准则制定者和上市公司管理者的效用分别为 u_G 和 u_B，很明显，$u'_G > u_G$，$u'_B > u_B$，即会计准则制定者和上市公司管理者的效用都得到明显的提升。由上述分析可知，虽然存在有限理性经济人的短视行为，但经过双方不断重复的博弈和不断试错，该博弈的纯策略纳什均衡是（监督，进行盈余管理），其均衡收益为（u'_G，u'_B），即会计准则制定者的最优策略是尽可能减少上市公司管理者的盈余管理行为。上市公司管理者虽然在博弈中处于被动地位，但也会从自身利益出发选择是否遵从会计准则。当上市公司管理者的策略为遵从会计准则时达到了自身效用的最大化，因此上市公司管理者的最优策略是遵从会计准则，不进行或减少盈余管理行为。此时博弈双方的效用都得到增进，实现了资源配置的帕累托改进。

2. 会计制度变迁的探索阶段和深化阶段

在会计制度变迁的探索阶段，与会计制度变迁第二阶段大不相同。上市公司的内部管理得到了强化，会计准则制定者监督和控制上市公司管理者的能力大为削弱，于是会计准则制定者与上市公司管理者之间的博弈由遵从会计准则和不对上市公司进行监督的合作博弈演变为上市公司管理者大肆进行盈余管理的非合作博弈。对上市公司管理者来说，其对策是采取存货、投资等各种盈余管理手段增加或平滑利润。随着我国经济会计制度变迁的不断深化，在会计制度变迁的深化阶段，上市公司管理者的盈余管理手段不断完善，内部治理、风险控制能力和粉饰财务数据的能力日益提高，进一步加大了对会计准则制定者监督行为的博弈力度。金融环境和上市公司盈余管理空间的变化使会计准则制定者不得不改变与上市公司管理者的博弈策略，由前期与上市公司管理者的非合作博弈转向合作博弈，开始积极创造条件，营造良好的资本市场生态环境，积极引导上市公司减少不利的盈余管理行为。

在会计制度变迁的探索阶段，会计准则制定者的目标函数与会计制度变迁初期基本相同，仍是大力促进上市公司发展壮大。在会计制度变迁的探索阶段，与会计制度变迁初期不同的是，会计制度制定者加快了会计制度变迁的力度，上市公司管理者的独立性更强，内部控制也更加严格，进行盈余管理的机会大大降低。但由于会计准则制定者对上市公司管理者的干预能力大大减弱，会计准则制定者开始注重改善金融生态环境，增强对金融资源的吸引力。

因此，在会计制度变迁的探索阶段和深化阶段，会计准则制定者的效用函数可表示为：

$$U_G = U(u, m, e) \tag{8.7}$$

其中 u 为会计准则制定者对上市公司管理者进行监督所获得的效用；m 为会计准则制定者为改善资本市场生态环境所付出的成本，e 为资本市场生态环境的改善给会计准则制定者带来的收益。

当前，我国上市公司管理者进行盈余管理的动机有 IPO 动机、配股动机、平滑利润的动机等。施行盈余管理行为可以达到股东的要求，从而在一定程度上增加个人经济收益。另外，各上市公司管理者之间也存在竞争，上市公司盈利能力越强，上市公司负责人得到升迁的机会也越大。因此在这两个阶段，上市公司管理者进行盈余管理的动机仍然很强。由于国有商业银行经过股份制会计制度变迁，内部治理更加严格，风险意识与控制能力不断提高，对来自会计准则制定者信贷投向干预的抵制能力有所增强，同时继续保持与会计准则制定者的有限合作，追求内部收益。在此条件下，各上市公司经营管理人员具有隐瞒对自己有利信息的动机和便利，并且仍有与会计准则制定者合作，追求自己私利的意愿和行为。

因此，在会计制度变迁的探索阶段和深化阶段，上市公司管理者的效用函数可表示为：

$$U_B = U\ (v,\ m,\ f) \tag{8.8}$$

其中 v 为上市公司管理者采取盈余管理行为时的经营收益；m 为资本市场生态环境的改善使上市公司管理者获得的收益；f 为上市公司管理者在盈余管理过程中所获的个人利益。

为了建构模型和简化计算的需要，特作如下假设：

博弈方：假设博弈主体为上市公司管理者和会计准则制定者，且博弈双方都是有限理性。

行为策略：对于会计准则制定者来说，其策略可以是监督上市公司管理者信贷行为，或不监督，因此其策略选择空间为（监督，不监督）；而对于上市公司管理者来说，也有两种选择，进行合作和不进行合作，其策略选择空间为（进行盈余管理，不进行盈余管理）。

行为策略的概率：假定在博弈的初期，会计准则制定者选择监督上市公司盈余管理的概率为 x，选择不监督的概率为

$1-x$；上市公司管理者选择不进行盈余管理行为的比例为 y，选择进行盈余管理行为的比例为 $1-y$。

收益矩阵：随机博弈中双方的收益矩阵如表 8.3 所示。

表 8.3　会计准则制定者行为系统中会计准则制定者与上市公司管理者博弈的收益矩阵

		上市公司管理者	
		进行盈余管理	不进行盈余管理
会计准则制定者	不监督	$u+m+e$，$v+m+f$	$u-m$，$v+m$
	监督	u，v	u，$v-n$

结合图 8.2，我们对表 8.3 中会计准则制定者与上市公司管理者在不同策略下所获得的效用和演化博弈过程进行较为直观的解释：

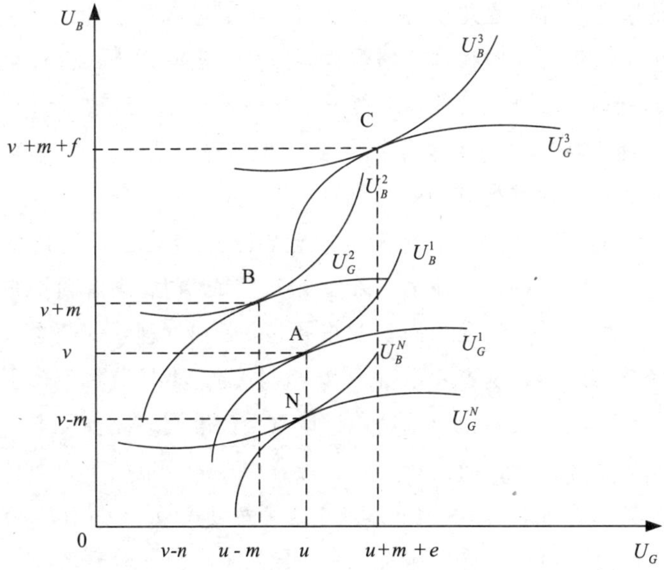

图 8.2　会计制度变迁第三阶段会计准则制定者与上市公司管理者的演化博弈过程

由图8.2可见，在博弈开始阶段，即在会计制度变迁的中期，会计准则制定者和上市公司管理者的效用曲线分别为 U_G^1 和 U_B^1，U_G^1 和 U_B^1 相交于 B 点，会计准则制定者和上市公司管理者在 B 点的效用分别为在金融会计制度变迁的中期和现阶段存在4个均衡点，分别为原点（O 点）、A 点、B 点和 C 点，除原点外，其余3个均衡点对应的博弈主体的效用均大于0。下面我们结合会计准则制定者与上市公司管理者的演化博弈过程分别对 A 点、B 点和 C 点进行分析：

（1）当会计准则制定者对上市公司管理者的盈余管理行为进行干预但上市公司管理者获得自身利益的意愿增强，不愿遵从会计准则时，会计准则制定者没有意识到改善资本市场生态环境的必要性，这是一个博弈双方都不能获得超额收益的渐进的磨合过程，在此条件下，上市公司管理者与会计准则制定者讨价还价的能力将逐步增强，因而在一定时期内，会计准则制定者和上市公司管理者均能够取得一定收益，此时会计准则制定者获得的效用为 u，上市公司管理者所获得的效用为 v，即此时对应 A 均衡点的效用为（u，v）。

（2）当会计制度制定者选择监督上市公司管理者的盈余管理行为时，特别是在第三阶段由于上市公司管理者粉饰报表的能力增强，会计准则制定者监督上市公司管理者的能力大为削弱，会计准则制定者不得不放弃以前通过直接监督上市公司经营行为的方法，转而采用通过修改会计准则、改善资本市场生态环境等方式，而上市公司管理者在外部环境的压力下被迫减少盈余管理行为时，由于会计准则制定者天然拥有的公权力，并且会借助当地的司法体系，导致上市公司管理者无法获得利益，反而由于会计制度制定者显性或隐性的监督导致公司声誉下降，上市公司管理者的效用曲线由 U_B^1 移至 U_B^N，其效用

由 v 下降至 $v-n$，但是对于会计制度制定者而言并没有什么大的影响，会计制度制定者的效用依然为 u，对应图 8.2 中的 N 点。

（3）会计准则制定者的策略由监督转变为不监督，但是对会计准则进行修改，引导上市公司正确使用盈余管理工具。当会计准则制定者逐渐认识到不能依靠直接监督上市公司的盈余管理行为，而必须通过修改会计准则缩小盈余管理的制度空间，但上市公司管理者处于个人效用最大化的要求，不愿意与会计准则制定者合作，此时，考虑会计准则制定者为改善资本市场生态环境，修改会计准则而付出的成本 m，会计准则制定者的效用变为 $u-m$，上市公司管理者的效用增加为 $v+m$，此时对应 B 均衡点效用为（$u-m$，$v+m$），博弈双方所创造的总效用仍为 $u+v$。

（4）当会计准则制定者愿意与上市公司管理者共同协商且上市公司管理者也选择遵从会计准则时，能够创造更多的效用，此时会计准则制定者开始为上市公司及其管理者利益着想，努力改善资本市场环境。会计准则制定者获得的效用为 $u+m+e$，上市公司管理者获的效用为 $v+m+f$，其中 e 为会计准则制定者努力改善资本市场生态环境，从而增强了对上市资源的吸引力，促进了经济发展而获得的效用。f 为上市公司管理者负责人在遵从会计准则过程中所获得的个人利益。会计准则制定者在修改会计准则过程中为上市公司带来的经营自由度增加等制度红利并没有体现在 m 上，但是可以间接地体现在 e 和 f 上，这时双方的总效用为 $u+v+(e+f)$，即 C 均衡点的效用为（$u+m+e$，$v+m+f$）。

（5）假定 e、f、m、$n>0$ 且 e、$f>m$，由此很明显 $v+m>v$，但 $u-m<u$，因此 A 点和 B 点均为不稳定的均衡点，由 $e>$

f，可得 $u+m+e>u>u-m$，并且 $v+m+f>v+m>v$，因此 C 点为稳定的演化均衡点，此时会计准则制定者和上市公司管理者的演化博弈策略为（不监督，不进行盈余管理），博弈双方所获得的效用较之 A 点和 B 点显著地增加，从而可知对上市公司及其管理者的长远发展而言，不进行盈余管理比进行盈余管理好，这与我们的演化博弈结果和实际情况十分吻合。

8.8.5 会计准则制定者与上市公司管理者的演化博弈分析

下面我们根据演化博弈理论对上述分析进行进一步的证明。

根据上述假设和收益矩阵可知，采取与上市公司管理者协商的会计准则制定者的期望效用为：

$$U_{G1}=y(u+m+e)-(1-y)(u-m) \tag{8.9}$$

采取不监督策略的会计准则制定者的期望效用为：

$$U_{G2}=yu-(1-y)u \tag{8.10}$$

同样，采取不进行盈余管理策略的上市公司管理者的期望效用为：

$$U_{E1}=x(v-m+f)+(1-x)(v-n) \tag{8.11}$$

采取进行盈余管理策略上市公司管理者的期望效用为：

$$U_{E1}=x(v+m)+(1-x)v \tag{8.12}$$

故上市公司管理者的平均期望效用为：

$$\overline{U}_E=yU_{E1}+(1-y)U_{E2} \tag{8.13}$$

我们引入演化稳定均衡中的复制动态方程：

$$dx/dt=x(U_s-\overline{U}) \tag{8.14}$$

复制动态方程实质上是描述某一特定策略在一个种群中被采用的比例或频率的动态微分方程，式中：x 为一个种群中博弈方采用策略 s 的比例；U_s 为该博弈方采用策略 s 的期望得益；$\overline{U}$ 为该博弈方采用其策略空间中所有策略的平均得益；dx/dt 为该博弈方采用策略的比例随时间的变化率。上述动态微分方程与生物演化中描述的特性个体频数变化其自然选择过程的"复制动态"过程相一致，因此称为"复制动态方程"。这样根据复制动态方程（8.14），可得会计准则制定者采取与上市公司管理者合作策略的复制动态方程为：

$$dx/dt = x(U_{E1} - \overline{U}) = x(1-x)(ey-m) \quad (8.15)$$

同理，可以得出上市公司管理者采用不进行盈余管理策略的复制动态方程为：

$$dy/dt = y(U_{G1} - U_G) = x(1-x)[(f+n)x-n] \quad (8.16)$$

由（8.1）式、（8.2）式构成的微分方程组可以找到这个系统的均衡点为(x,y)：$(0,0)$，$(0,1)$，$(1,0)$，$(1,1)$和$(n/(f+n),m/e)$。根据 Friedman 提出的算法，微分方程组构成动态系统的群体动态，其均衡点的稳定性分析可以通过分析该系统的雅可比矩阵（Jaconbian 矩阵）的局部稳定性得到，对微分方程（8.15）、（8.16）依次求关于 x，y 的偏导数，可得出雅可比矩阵为：

$$J = \begin{bmatrix} (1-2x)(ey-m) & x(1-x)e \\ y(1-y)(f+n) & (1-2y)[(f+n)x-n] \end{bmatrix} \quad (8.17)$$

从而得出雅可比矩阵在这 5 个均衡点的行列式的值和符号，以及雅可比矩阵迹的值和符号，并由此判断这 5 个均衡点的局部稳定性。计算结果见表 8.4。

表 8.4　均衡点 J 的行列式及符号 J 的迹及符号局部稳定性

	均衡点	J 的行列式	行列式的符号	J 的迹	迹的符号	局部稳定性
O	$x=0, y=0$	mn	+	$-(m+n)$	-	ESS
A	$x=0, y=1$	$(e-m)n$	+	e	+	不稳定
B	$x=1, y=0$	mf	+	$m+f$	+	不稳定
C	$x=1, y=1$	$(e-m)f$	+	$m-(e+f)$	-	ESS
D	$x=n/(f+n)$, $y=m/e$	$-\frac{(e-m)mnf}{(f+n)e}$	-	0		鞍点

由表 8.4 可知，在 5 个局部均衡点中仅有 2 个均衡点是具有局部稳定性的，也就是本书演化博弈的演化稳定策略（ESS），即（合作，合作），（干预，不合作）。该演化系统还存在 2 个不稳定的均衡点和 1 个鞍点。将上述会计准则制定者行为系统中会计制度制定者与上市公司管理者双方博弈的复制动态关系用相位图表示，如图 8.3 所示。

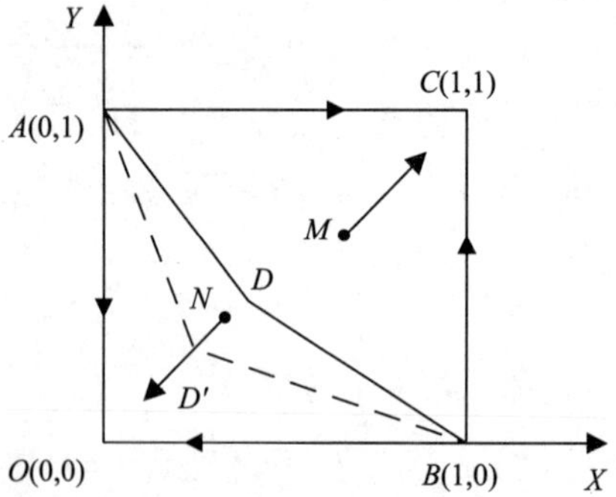

图 8.3　会计制度制定者与上市公司管理者博弈的动态复制相位图

从图 8.3 中我们不难看出，O（0，0）或 C（1，1）是这个博弈的演化稳定策略，最终收敛到哪个策略要看系统的初始状态。若初始状态处于折线 *ADB* 左下方区域 *OADB* 时（如图 8.3 中的 *N* 点），系统将收敛于 ESS 稳定点 *O*（不监督，进行盈余管理），若初始状态处于折线 *ADB* 右上方区域 *CADB* 时（如图 8.3 中的 *M* 点），系统将收敛于 ESS 稳定点 *C*（不监督，不进行盈余管理），这说明会计准则制定者和上市公司管理者的博弈行为表现出对初始值的依赖性。从分析可以得出，通过参数的调整可以使区域 *OADB* 的面积减小而区域 *CADB* 增加，即将鞍点 *D* 向左下方移动可以使系统达到理想均衡状态 *C* 的概率增加，如给定的初始条件 *N* 可以从区域 *OADB* 跳到 *CAD′B*，因此，会计准则制定者与金融合作的行为不仅是可激励的，而且当系统收敛于 ESS 稳定点 *C* 时，将最大化博弈双方的效用，从而我们可以得出结论，随着我国会计制度变迁的深化，会计准则制定者与上市公司管理者将不约而同地选择修改会计准则而不进行监督和不进行盈余管理的策略，经过效用不断增加的帕累托改进过程，最终达到双赢的演化稳定均衡。

8.8.6　动态系统的局部稳定性分析及会计准则制定者策略

下面结合相位图对影响初始状态变化的参数逐一进行分析：

1. 参数 *e*、*f*

e 为会计准则制定者付出了改善金融生态环境的成本 *m* 后获得的促进经济发展的效用，*f* 为上市公司管理者的负责人与会计准则制定者合作所获得的个人效用。当 *e* 增加时，*D* 向下移动，由图 8.3 可以看出区域 *OADB* 的面积减小而区域 *CADB*

的面积增加，系统演化至ESS稳定点C的可能性随之增加。同样地，当f增加时，D向左移动，区域$OADB$的面积减小而区域$CADB$的面积增加，系统演化至ESS稳定点C的可能性越大。从上述分析可以看出：不论是会计准则制定者还是上市公司管理者，如果从双方合作中获得的效用越大，会计准则制定者采取与上市公司管理者合作的可能性就越大，而上市公司管理者出于效用最大化的考虑，与会计准则制定者进行合作的动力也就越大，从而形成了会计准则制定者与上市公司管理者双赢的局面。为了从合作中分配到的效用最大化，会计准则制定者需要提供一套完整的合作保障制度，主要包括金融生态环境建设等，为上市公司管理者与会计准则制定者进行合作营造一个良好的外部环境，确保上市公司管理者也可以从合作中获得最大化的超额利润。

2. 参数 *m*

m是指会计准则制定者为了促进现有上市公司管理者发展壮大，不断推出政策扶持金融业发展，维持金融稳定，优化金融发展环境而付出的成本。如会计准则制定者给予上市公司管理者资金补助和税收优惠等等，相当于合作效用在会计准则制定者和上市公司管理者之间的一种再分配。当m增加时，上市公司管理者获得的显性和隐性资助越多，相应地减小了上市公司管理者与会计准则制定者合作的内在风险性，上市公司管理者选择合作的可能性就越大，那么会计制度制定者和上市公司管理者从合作中获得的效用增加，即e与f值增大，从而鞍点D向左下移动，系统演化至ESS稳定点C的可能性越大。

3. 参数 *n*

n表示会计准则制定者从资本市场发展和个人利益出发，

不积极监督上市公司的盈余管理行为。从 20 世纪 90 年代中期开始，我国资本市场会计信息披露逐步走向正轨，上市公司内部治理结构和治理机制进一步完善，会计准则制定者很少直接监督上市公司的盈余管理行为。在新的内外部环境下，由于潜在利润的刺激，公司管理层“自利”而进行盈余管理。会计制度制定者为了保证投资者的权益，会通过制定会计管制条例来约束上市公司的盈余管理及信息披露，从而规范资本市场。而关于会计制度的制定，是会计准则制定者协调公司管理者和投资者的利益，它既要代表投资者要求上市公司能够披露出客观可靠的会计信息，又能够保护公司在管制规定的许可之内获得公司预期的收益。此时，会计制度制定者和执行会计制度的公司管理人员经过非合作博弈，达到纳什均衡。

公允价值在新会计准则中被更广泛地应用。不管是在金融资产还是投资性房地产，公允价值作为一种基本的计量属性在企业的会计核算中都引起了很大的关注。历史成本和公允价值会有很大的差别，公允价值计量对管理者的业绩和薪酬会产生重要影响。虽然新会计准则对这一部分进行了会计制度变迁，但管理者仍存在暗中调整。如果是牛市，那么管理者倾向于使用公允价值计量；如果是熊市，管理者使用历史成本则更有利。

由演化博弈的相位图来看，当 n 增加时，鞍点 D 向左移动，即上市公司管理者遵从会计准则制定者不进行盈余管理的可能性变小。这与实际情况非常符合，上市公司管理者进行盈余管理的损失越大，当然越有可能选择保守策略即不进行合作。因此，在博弈初始时选择监督策略的会计准则制定者，通过学习和模仿，会逐渐认识到监督手段不利于其资本市场和上市公司的长远发展，而且也是不可持续的。随着时间的推移，会计准则制定者选择不进行盈余管理的概率会越来越大，于是博弈进入 *CADB* 区域，博弈将收敛于演化均衡状态 *C* 点。

通过上述演化博弈分析，我们得出结论：可以通过降低公司管理层的机会收益，或者提高会计制度的严格程度来抵制公司管理层实施机会行为的可能性。但是，在会计制度变迁博弈中，会计制度若有空缺和公共领域，上市公司就会利用机会专营牟利。这时会计制度的制定者发现后便会采取措施完善原来的制度，制定新的制度加以规范。然后，会计制度制定者和市场主体便会展开新一轮博弈。潜在利润造成信息市场失灵，由于新的潜在利润的刺激，公司管理层的“自利”心理会利用现有会计制度的公共领域进行盈余管理。而会计制度制定者由于特有的滞后性，会在发现公司存在盈余管理行为之后采取行动。一般会通过补充旧的会计制度，来制止公司管理层的机会行为。在我国新旧会计准则变迁中，新的会计准则中涉及变更的一共有 26 项，更趋向于国际会计准则，并且填补了旧会计准则的漏洞和不足。其中，存货的后进先出法的废除，主要是考虑现在的通货膨胀率比较高，后进先出法导致企业的存货价值低于真实价值，影响利润表的营业成本的披露。而管理者运用对存货计价方法选择的“公共领域”，就可以选择某一对企业有利的方法控制企业的盈余。

在本章中我们将会计准则制定者与上市公司管理者的博弈按照我国金融会计制度变迁的发展历程分三个阶段进行分析，实际上纵观会计准则制定者的行为则是一个逐步演化的过程。本章对会计准则制定者行为系统中的会计制度制定者和上市公司管理者构建了非对称的 2×2 演化博弈模型，并用复制动态演化调整过程来分析此博弈的演化稳定策略及其参数条件。分析结果表明会计制度制定者通过推动会计准则变迁有效地约束了上市公司管理者的盈余管理行为，会计准则制定者与上市公司管理者的博弈过程从本质上看是一个不断试错的过程，在会计准则制定者行为系统的演化过程中，会计制度制定者的行为必须根据上市公司管理者的反应不断地调整，在不断的调整、试错过程中构建最优的制度环境、激励政策，从而促进上市公司管理者与会计准则制定者的良性互动，提高整个会计制度变迁的效率，增加社会的福利，提高会计制度制定者的效用。

经过多次博弈，会计制度就会不断得到发展和完善，公认程度便会日益提高，纳什均衡便会逐步由低层次向高层次递进，最终趋向帕累托最优状态。对于这一均衡，其实是一种理想状态，可以简单理解为上市公司没有盈余管理的预期收益或者预期收益永远大于预期费用，并且会计制度制定者掌握了市场发展的一切信息。但是，现实中这种最优状态是不能保持的，经济不断增长引起旧制度中的既得利益集团和新制度既得利益集团之间的矛盾冲突，新的潜在利润的诱因打破这一均衡，进而引发新一轮的制度创新。

8.9
约束上市公司盈余管理行为的建议

盈余管理是公司各方面利用会计制度等会计技术规范存在的公共领域而发生的寻租行为。由于盈余管理的存在，会计制度的制定过程存在着动态博弈。为了完善我国的资本市场，有效地制约上市公司的盈余管理，提出以下建议。

1. 减少会计制度的公共领域

对于会计制度的制定来讲，首先要确定一个长期有效的会计目标。会计制度变化的稳定性和连续性，可以有效地减少由于经常变动而带来的机会成本和过渡成本，就会计制度的目标来看，会计制度不仅仅是为会计制度制定者服务，还为公司的投资者服务，会计制度应该将保护投资者的利益放在最前面。在制定的制度内容上，会计制度要将会计技术规范的公共领域规范在一个“满意”的范围内，其规范的业务面越广，盈余管理的空间就越小。会计制度应该能够迅速、简明、准确地反映现实的需要和商业需求，对市场上进行特殊目的的实业进行会计制度的规定；对于新兴的会计事项，会计制度制定者要积极借鉴国际上的制度；而针对我国内部实情的一些特有的会计实务还要制定专门的跨级处理方法。

2. 加强会计制度的监管力量

会计法律要维护会计制度的执行过程。会计技术规范的正式惩罚机制与保障会计技术规范公共领域的非正式惩罚机制存在相互促进的关系。两种惩罚机制要大体均衡，才便于人们形成稳定的惩罚预期，其目的在于提升财务舞弊的机会成本，降低其收益，最终使得盈余管理的寻租行为得到抑制；还要加强会计职业道德建设，将客观职业道德制度化，引入强制性的惩罚措施。这就要求会计人员既要有外力推动的自我约束或控制，又要有来自自身的修养而存在自我的约束。如此，会计人员进行公共领域的会计处理时，才会诚信地遵循会计制度，公正地进行业务处理，中立地提供会计信息。

3. 完善公司内部和外部治理结构

公司声誉评价和经理人市场是一个企业的外部治理结构。这些外部治理结构总是直接或间接地影响公司内部的治理问题。从长期来看，公司应从声誉市场和经理人薪酬机制入手，提高公司管理层的执业水平，增加公司管理者合规经营的收益，降低违规经营的收益。只有这样才会提高上市公司合规诚信经营的额外收益，从本质上促使上市公司自主选择合规经营战略。在公司内部的治理中，应该保证财会人员的独立性。虽然大多数的公司接受了会计职业道德，但在公司的层级组织和管理中缺乏有效的支持性系统，这就导致财会人员在进行财务预算和决算时容易受到管理层的利诱和威胁；从另外一个角度讲，如果公司可以保证财会人员的独立性，也就可以减少公司管理层操纵盈余管理的路径。

第九章

总结与展望

9.1 本书的主要研究结论

1. 我国上市公司股权结构的显著特点是股权结构复杂，股权过度集中，国有股“一股独大”，而且经理等高管人员持股比例较低

实证研究表明，第一大股东控股的现象非常严重，我国上市公司第一大股东有动机也有能力通过盈余管理行为来操纵企业，从而获得控制权收益。第一大股东持股比例与盈余管理的关系可以分为两个阶段：协同阶段和侵害阶段。首先，我国上市公司的盈余管理行为与第一大股东持股比例的关系符合Mork的两个效应原则，在比例较低时产生协同效应，当比例超过一定数量后会产生侵害效应。当产生协同效应时，第一大股东会监督管理层的信息披露，抑制盈余管理的发生；而当产生侵害效应时，第一大股东会利用自己手中的控制权来操控信息，进行盈余管理，因此总体上盈余管理程度与第一大股东持股比例呈U型关系。其次，总体上盈余管理程度与第二至第十大股东持股比例之和负相关，但在统计上不显著，这从另一个角度表明我国上市公司股权高度集中，在“一股独大”的股权结构下，国有股对上市公司拥有绝对的控制权，其他大股东对国有股的制衡能力十分有限。最后，实证研究发现盈余管理与当前我国上市公司高管持股比例的关系不显著，这主要是由于目前我国上市公司高管持股比例过低，对公司是否进行盈余管理不能产生影响。此外，总体上盈余管理的大小与股权的流动性负相关，即流通股持股比例越高，越会抑制盈余管理行为的发生。

影响企业会计行为和盈余管理的最主要也是最根本的原因是股权结构，不同的股权结构决定了公司不同利益主体的控制权差异，所以，股权结构必将影响公司会计行为从而影响盈余管理行为。因此应多发展有益于公司治理，能更好形成内部约束机制的股权持有形式。

2. 董事会作为公司治理结构体系中一个非常重要的组成部分，它的特征对整个公司而言至关重要

作为联结股东与经理层的纽带，董事会是公司治理机制的重要组成部分，无疑对公司盈余管理会产生很大的影响。我国上市公司董事会特征是：董事会规模偏大；董事长与总经理两职尚未完全分离；董事会成员持股过少；董事会会议流于形式以及独立董事作用有限等。

董事会规模会影响公司治理水平。研究结果表明我国上市公司董事会规模与盈余管理呈负相关关系，但董事会年度内开会次数与盈余管理之间的关系不确定，表明我国上市公司的董事会不能通过董事会会议进行有效的沟通；在董事会构成研究中最重要的是独立董事所占比例与董事会有效性之间的关系，研究发现我国上市公司独立董事在董事会中所占比例以及独立董事发表意见的数量与盈余管理不存在明显的相关关系。因此，可以认为目前独立董事在我国上市公司董事会中所起的作用十分有限，而且对抑制上市公司的盈余管理行为的作用不明显，难以形成对执行董事和大股东代表的有效制衡。

研究还发现，董事会持股人数与盈余管理负相关，但董事会持股比例、董事会报酬排名中前三名董事的报酬总额和董事会中未领取报酬董事比例三个董事会激励特征变量与盈余管理的关系不显著，说明虽然董事会持股人数增加可以抑制盈余管理行为，但由于我国上市公司董事会成员的持股比例和领取报酬的董事比例很低，因此无法对董事产生激励作用。这与我国上市公司董事会监督的失效和董事会的不完善有关，使得我国很多上市公司董事会实际上成为管理层进行盈余管理操纵的工具。从抑制公司盈余管理的角度来看，我国上市公司的董事会在盈余管理中仍需要进一步改进，必须适度扩大董事会规模，进一步完善独立董事制度，使独立董事发挥其应有的作用，并规范董事会会议制度。

3. 运用“隧道行为”（tunneling）理论解释了我国上市公司的盈余管理活动以及公司治理结构对盈余信息含量的影响

实证研究表明，为达到配股资格，我国上市公司具有进行盈余管理的强烈动机，与未达到配股资格的公司相比，达到配股资格的公司的盈余管理程度更高。对ST公司的实证结果表明，在我国，在位的控制性股东有强烈的动机避免摘牌。在具体的“隧道行为”手段方面，对于我国上市公司而言，利用其他应收款进行盈余管理，进而掏空上市公司是比较常用的手段。此外，国有上市公司与非国有上市公司在采用其他应收款手段方面区别较大，国有企业更倾向于使用其他应收款这一手段。

关于公司治理与盈余信息含量的关系，实证研究发现在我国这一独特的资本市场上，治理机制对信息含量确实有一定的影响，我国上市公司股权集中度与信息含量呈U型相关。这是因为，一方面，在我国这样的新兴市场上，大股东的出现能够对管理者进行监督，有利于解决传统的代理问题，从而提高信息含量；而另一方面，大股东尤其是控股股东的出现又引发了另一类代理问题，即控股股东掠夺小股东。实证分析还发现，控股股东的存在确实不利于信息含量的提高，而且控股股东占董事会成员比例也会对信息含量有负面影响。一方面，控股股东占董事会成员比例越高，其操纵会计盈余的能力越强；另一方面，控股股东占董事会成员比例影响会计盈余任意性。因此，控股股东占董事会成员比例越高，市场对披露的会计盈余越缺乏信心。第一大股东持股比例与其他大股东持股比例之和相差不大时，控制权竞争越激烈；第一大股东对控制权的掌控力度越弱，会计盈余信息的质量具有较高的可靠性，从而会计盈余的信息含量会较高。

9.2 研究启示与政策建议

1. 提高资金市场特别是证券市场的有效性，发挥市场自身对盈余管理行为的约束力

Fama 提出的有效市场理论，为我们提高公司治理效率、减少盈余管理提供了思路。盈余管理的最大受害者是企业外部利益相关者，如果所有的外部利益相关者都是理性的，并且具备了辨析财务报告及其附注的能力和知识，那么在这种情况下，为了取信于外部利益相关者，企业管理当局就会减少盈余管理。同样，盈余管理问题不能仅靠制定更细致的监管措施，而应不断加强证券市场透明度，让市场作为对上市公司盈余管理行为做出裁判的法官，这才是治本的方向。

2. 优化股权结构，保护股东权益

从研究结论来看，适度的股权集中能够对盈余管理行为有抑制作用。但股权过于集中，会形成"一股独大"的现象，使大股东侵占中小股东的利益。我国国有企业改制而来的股份制公司股权过于集中，国有股权"一股独大"是造成上市公司盈余管理的主要原因，同时也是我国上市公司治理水平较低的主要原因。为此，必须采取相应的治理措施，适当减持国有股第一大股东所持股份，并且在国有股减持的同时，积极引入其他所有制的机构投资者。

3. 完善董事会制度建设

健全董事会制度，这是完善我国公司法人治理结构的核心。董事会是公司法人治理结构的核心，它对经理人做出的决定进行管理，决定高层管理的水平和结构，监督公司的内部控制和财务管理系统，决定公司的主要战略和决策。因此，健全董事会制度势在必行。研究表明我国上市公司董事会独立性有待提高，独立董事的作用没有得到充分发挥。首先，由于董事会的独立性有利于控制盈余管理，应积极创造条件推进独立董事制度的建设和完善，严格独立董事人选的条件，规范独立董事产生的途径，加强独立董事的激励与约束，继续推进独立董事制度的建设和完善。其次，我国上市公司董事长和总经理两职合一现象比较严重，由于两职合一会影响董事会的监督能力，使公司更有可能进行盈余管理，因此董事长和总经理两职应该完全分离。最后，应建立健全董事任用和业绩评估机制。通过会计制度变迁、董事提名程序、强化董事任职辅导和培训、建立和健全董事业绩评估制度等，探索出符合我国国情的董事任用和评估制度，使得董事不仅有职有责，而且能够受到考核和评估，切实增强董事会的有效性。此外，要建立有效的报酬契约，进一步完善董事激励制度。从本书的研究来看，我国上市公司董事会现有的持股数量很低，不足以对董事起到激励作用，持有股份的董事人数也不多，所以，董事会现存的持股特征无法对盈余管理起到控制作用；对董事薪酬的回归结果也没有表现出控制盈余管理的作用。所以必须设计合理的报酬契约，引入期权、期股等新的报酬方式，增大董事会成员的持股比例和持股人数，避免董事为追求短期利益、追求高薪酬而损害股东利益，从而有效地遏制有害的盈余管理行为的发生。

4. 培育控制权市场与经理人市场，健全外部治理机制

在西方的公司治理实践中，控制权市场以及经理人市场被认为是抑制内部人机会主义动机的最主要的外部治理机制。控制权市场的存在并不一定导致企业经常处于被接管状态，相反由于接管常常受到各种力量的抵制而造成现实中接管难于实现。但是作为一种有效的外部治理机制，它更多的是发挥着对现有管理层的威胁作用。随着我国股权分置会计制度变迁的全面结束，国有股权已进入全流通时代。规范、健全兼并与收购市场将有利于国有股权减持过程中的增值与保值；从长久来看，更有利于形成有效的资本市场，正确引导资本这一社会重要资源的合理流动。同时，也为完善我国上市公司治理，在一定程度上抑制盈余管理行为提供了一条新的途径。此外，控制权市场以及经理人市场的形成也是实现对高层管理人员进行有效监督与激励的重要基础性条件。

9.3 本书的不足之处和后续研究的方向

本书的不足之处有：

（1）我国于 2007 年 1 月 1 日开始实施新的会计准则，新准则的实施将对我国上市公司盈余管理行为产生一定程度的影响，但由于新准则实施后关于影响盈余管理具体手段、方法和影响程度的数据难以获得，本书也就无法对新旧会计制度下公司治理与盈余管理关系的变化进行研究，也难以分析对盈余信息含量的影响。

（2）由于我国证券市场的制度缺陷和相关法规体系的不完善，上市公司在具体运作和信息披露方面与成熟市场相比很不规范，对上市公司数据的准确性会产生一定的影响，同时，还存在一些上市公司数据缺失的问题。由于本书得出的结论是建立在实证研究基础上的，在一定程度上依赖数据的完整性和真实性，收集足够的数据，并保证数据的翔实可靠是作者在今后的研究中需要注意的问题。

（3）由于相关数据较少，本书的实证研究没有涉及股权分置前后我国上市公司盈余管理的可能变化。

针对本书的不足之处，后续研究的方向为：

（1）新会计准则虽然在一定程度上压缩了会计政策和会计估计的选择空间，限制了企业的盈余管理，但同时却又在其他一些方面给企业的盈余管理留下了余地，甚至扩大了操作空间。因此，对新旧会计准则下上市公司的盈余管理与公司治理的关系及对盈余信息含量进行对比研究十分重要。

（2）股权分置会计制度变迁后，我国股票市场将进入全流通时代，国有股比例将有所下降，而流通股比例将明显上升，本书的研究结论也不能说就是定论。在这种制度背景下，研究上市公司盈余管理与公司治理的关系具有重要的现实意义。

参考文献

REFERENCE

[1] 陈小悦，肖星，过晓艳．配股权与上市公司利润操纵．经济研究，2000，1：30～36.

[2] 陈信元，汪辉．股东制衡与公司价值：模型及经验证据．数量经济技术经济研究，2004，11：102～110.

[3] 杜滨．我国证券市场会计信息质量博弈关系的分析．贵州工业大学学报（自然科学版），2002，31（5）：1～3.

[4] 冯根福．双重委托代理理论：上市公司治理的另一种分析框架—兼论进一步完善中国上市公司治理的新思路．经济研究，2004，12：16～25.

[5] 高明华．中国企业经营者行为内部制衡与经营绩效的相关性分析——以上市公司为例．南开管理评论，2001，5：6～13.

[6] 顾兆峰．论盈余管理．财经研究，2000，3：25～27.

[7] 郭春丽．优化股权结构：完善上市公司治理结构的突破口．中央财经大学学报，2002，9：107～111.

[8] 黄福广，齐寅峰．控股组织结构下的控制权与控制利益问题研究．管理世界，2001，1：203～205.

[9] 蒋义宏，魏刚．上市公司 ROE 分布的实证研究．上海财经大学会计学院资料汇编，1998，6：91 ~ 100.

[10] 李常青，管连云．股权结构与盈余管理关系的实证研究．商业研究，2004，19：48 ~ 53.

[11] 李常青，赖建清．董事会特征影响公司绩效吗？金融研究，2004，5：64 ~ 77.

[12] 李东平，黄德华，王振林．审计意见、盈余管理与会计师事务所变更．会计研究，2001，6：51 ~ 57.

[13] 李金泉．上市公司盈余操纵的动机及手段分析．金融与经济，2003，1：19 ~ 21.

[14] 李维安，唐跃军．上市公司利益相关者治理评价及实证研究．证券市场导报，2005，3：37 ~ 43.

[15] 李晓安．企业本质、公司治理结构本质的探析．当代经济科学，2004，3：107 ~ 114.

[16] 林钟高，吴利娟．公司治理与会计信息质量关系的实证研究．会计研究，2004，8：65 ~ 71.

[17] 刘峰，贺建刚．股权结构与大股东利益实现方式的选择——中国资本市场利益输送的初步研究．中国会计评论，2004，2：141 ~ 158.

[18] 刘立国，杜莹．公司治理与会计信息质量关系的实证研究．会计研究，2003，2：28 ~ 37.

[19] 刘俏，陆洲．公司资源的隧道效应——来自中国上市公司的证据．经济学（季刊），2004，3（2）：437 ~ 456.

[20] 陆建桥．中国亏损上市公司盈余管理实证研究．会计研究，1999，9：25 ~ 35.

[21] 陆宇建．上市公司盈余管理行为对配股政策反应的实证研究．中国软科学，2003，6：47 ~ 51.

[22] 陆正飞，魏涛．配股后业绩下降：盈余管理后果与真实业绩滑坡．会计研究，2006，8：52~59.

[23] 沈艺峰，张俊生．ST 公司董事会治理失败若干成因分析．证券市场导报，2002，3：24~27.

[24] 帅兰明．盈余管理：动因及后果——兼与利润操纵的比较．财经理论与实践，2006，5：72~75.

[25] 苏卫东，王加胜．盈余管理与董事会特征——基于面板数据的实证研究．世界经济文汇，2006，6：56~62.

[26] 孙爱军，陈小悦．关于会计盈余的信息含量的研究．北京大学学报（哲学社会科学版），2002，1：15~26.

[27] 孙永祥，黄祖辉．上市公司的股权结构与绩效．经济研究，1999，12：23~31.

[28] 孙铮，王跃堂．资源配置与盈余操纵之实证研究．财经研究，1999，4：3~10.

[29] 田志龙，杨辉，李玉清．我国股份公司治理结构的一些基本特征研究——对我国百家股份公司的实证分析．管理世界，1998，2：135~142.

[30] 王宏昌．股权结构与公司绩效的关系分析——来自中国证券市场的经验证据．特区经济，2007，9：107~108.

[31] 王跃堂．会计政策选择的经济动机．会计研究，2000，12：31~40.

[32] 王忠杰．试析盈余操纵的识别方法．商业研究，2003，15：31~33.

[33] 威廉·斯科特．财务会计理论，陈汉文译，第 1 版，北京：机械工业出版社，2000，235.

[34] 魏明海．盈余管理基本理论及其研究述评．会计研究，2000，9：37~42.

[35] 吴建友．论我国董事会制度对虚假财务报告的监督．审计研究，2001，4：5~8.

[36] 吴江，阮彤．股权分置结构与中国上市公司融资行为．金融研究，2004，6：56~67.

[37] 夏立军．国外盈余管理计量方法述评．外国经济与管理，2002，10：35~40.

[38] 谢清喜，王瑞英．中国上市公司内部人控制与非公平关联交易的实证分析．经济评论，2004，4：113~117.

[39] 许波．公司治理结构与盈余管理的互动分析．中央财经大学学报，2005，1：107~111.

[40] 许波．中外企业盈余管理研究述评．当代财经，2004，7：121~124.

[41] 姚宏．信息结构、风险偏好与盈余操纵行为——一次实验研究的结论．会计研究，2006，5：58~65.

[42] 于李胜．信息不确定性与盈余公告后漂移现象（PEAD）——来自中国上市公司的经验证据．管理世界，2006，3：40~52.

[43] 余明桂，夏新平，潘红波．控股股东与小股东之间的代理问题：来自中国上市公司的经验证据．管理评论，2007，4：3~12.

[44] 余明桂，夏新平，吴少凡．公司治理研究新趋势——控股股东与小股东之间的代理问题．外国经济与管理，2004，2：28~32.

[45] 张惠玲．盈余管理与利润操纵的差异．农场经济管理，2004，5：55.

[46] 张维迎．企业理论与中国企业会计制度变迁．北京：北京大学出版社，1999.

[47] 张逸杰，王艳，唐元虎，蔡来兴．上市公司董事会特征和盈余管理关系的实证研究．管理评论，2006，3：14~19.

[48] 章永奎，刘峰．盈余管理与审计意见相关性实证研究．中国会计与财务研究，2002，3：1~29.

[49] 朱国泓．上市公司财务报告舞弊的二元治理——激励优化与会计控制强化．管理世界，2001，4：153~162.

[50] Abbott, L. J., Y. Park, and S. Parker. The effects of audit committee activity and independence on corporate fraud. *Managerial Finance* 2000, 26: 55~67.

[51] Beaver, W. H., McNichols, M. F. The characteristics and valuation of loss reserves of property casualty insurers. *Review of Accounting Studies*, 1998, 3 (1): 73~95.

[52] Beneish, M. D. and E. Press. Cost of Technically Violation of Accounting ~ based Debt Covenants. *The Accounting Review*, 1993, 68: 233~257.

[53] Beneish, M. D. Incentives and Penaltics Related to Earnings Overstatements That Violate GAAP. *The Accounting Review*, 1999, 4: 35~71.

[54] Bennedsen, M., and Wolfenzon, D. The balance of Power in closely helde corportions. *Journal of Financial Eeonomics*, 2000, 58: 113~139.

[55] Bertrand, M., Paras M., and Sendhil M. Ferreting out tunneling: an appli cation to Indian business groups. *Quarterly journal of economics*, 2002, 118: 121~148.

[56] Brickley, J. A., C. M. James. The Takeover Market, Corporate Board Composition, and Ownership Structure: The Case of Banking. *Journal of Law and Economics*, 1987, 30: 161~181.

[57] Burgstaher, D., and I. Dichev. Earnings management to avoid earnings decreases and losses. *Journal of Accounting and Economics*, 1997, 24: 99 ~ 126.

[58] Burgstahler, D., M. Eames. Management of earnings and analysts forests. *Working Paper*, University of Washington, 1998.

[59] Byrd, J., Hickman, K. Do Outside Directors Monitor Managers?: Evidence from Tender Offer Bids. *Journal of Financial Economics*, 1992, 32: 195 ~ 221.

[60] Chamber, D. J. Earnings management and capital misallocation. *Working Paper*, University of Washington, 1999.

[61] Christian Leuz, Dhananjay Nanda, Peter D. Wysocki. Earnings management and investor protection: an international comparison. *Business*, 1999, 1: 1 ~ 32.

[62] Christian Leuz, Dhananjay Nanda, Peter D. Wysocki. Earnings management and investor protection: an international comparison. *Business*, 1999, 1: 1 ~ 32.

[63] Claessens, S. Djankov, S. Lang, L. The separation of ownership and control in East Asian corporations. *Journal of Financial Economics*, 2000, 58: 81 ~ 112.

[64] Conger, J., Finegold, D., Lawler III E.. Appraising Boardroom Performance. *Harvard Business Review*, 1998, 76: 136 ~ 148.

[65] De Angelo, Linda Elizabeth. Accounting Numbers as Market Valuation Substitutes: A Study of Management Buyouts of Public Shareholders. *The Accounting Review*, 1986. 61: 400 ~ 412.

[66] Dechow, P. M., R. G. Sloan, and Sweeney A. P. Detecting Earnings Management. *The Accounting Review*, 1995,

70: 193 ~ 225.

[67] Dechow, and R. G. Sloan. Executive incentives and the horizon problem: An empirical investigation. *Journal of Accounting and Economics*, 1991, 14: 51 ~ 89.

[68] Dennis, Diane, John McConnell. International corporate goveonance. *Journal of Financial and Quantitative Analysis*, 2003, 38: 1 ~ 36.

[69] Eisenberg, T., S. Sundrgen, Wells, M.. Larger board size and decreasing firm value in small firms. *Journal of Financial Economics*, 1998, 48: 35 ~ 54.

[70] Fama, E. F., Jensen, M. C. Separation of ownership and control. *Journal of Law and Economics*, 1983, 26: 301 ~ 325.

[71] Gerety, M., K, Lehn. The Causes and Consequences of Financial Fraud. *Managerial and Decision Economics*, 1997, 18: 587 ~ 599.

[72] Healy, Wahlen. A review of the earnings management literature and its implcation for standard settings. *Joumal of Accoting and Economics*, 1999, 13 (12): 365 ~ 383.

[73] Healy, P. M. The effect of bonus schemes on accounting decisions. *Joumal of Accoting and Economics*, 1985, 7: 85 ~ 107.

[74] Jensen, Michael C., William H. Meckling. Theory of the Firm: Managerial Behavior, Agency Costs, and Ownership Structure. *Journal of Financial Economics*, 1976, 3: 305 ~ 360.

[75] Johnson, Simon, Rafael La Porta. Tunneling. *The American Economic Review*, 2000, 90 (2): 22 ~ 27.

[76] Jones J. Earnings Management During Import Relief

Investigations. *Journal of Accounting Research*, 1991, 29: 193 ~ 228.

[77] Joseph P. H. Fan T. J. Wong. Corporate ownership structure and the Informativeness of accounting earnings in East Asia. *Journal of Accounting and economics*, 2002, 33: 401 ~425.

[78] Kang, S., Sivaramakrishnan, K. Issues in testing earnings management and instrumental variable approach. *Journal of Accounting Research*, 1995, 33 (2): 353 ~367.

[79] Kenneth V. Peasnell. Using accounting data to measure the economic performance of firms. *Journal of Accounting and Public Policy*, 1996, 15 (4): 291 ~303.

[80] Klein, A.. Firm performance and board committee structure. *The Journal of Law and Economics*, 1998, 41: 275 ~303.

[81] Klein, April. Audit Committee, Board of Director Characteristics, and Earnings Management. *Journal of Accounting and Economics*, 2002, 33: 375 ~400.

[82] La Porta, R., F. Lo Pez de Silanes, A. Shleifer etl. Law and Finance. Journal of Politieal Economy, 1998, 106: 1133 ~ 1155.

[83] La Porta, R., F. Lopez de Silanes, A. Shleifer etl. Investor Protection and corporate valuation. Joumal of Finance, 2002, 57: 1147 ~1170.

[84] La Porta, R., F. Lo Pez de Silanes. Legal determinants of external finance. *Journal of Finance*, 1997, 52: 1131 ~1150.

[85] La Porta, R., F. Lo Pez - de - Silanes, A. Shleifer, and Vishny, R., 1999, Corporate ownership around the world

[J] . *Journal of Finance*, 54: 471 ~518.

[86] Levitt, A.. The Numbers Game, Remarks at NYU Center for Law and Business. http: //www. businessweek. com/ magazine/content/01_20/b3732001.

[87] Lipton, M. , Lorsh, J. A modest proposal for improved corporate governance, Business Lawyer management. *Journal of Accounting and Economics*, 1992, 33: 375 ~400.

[88] Mara Faccio, Larry H. P. Lang, The ultimate ownership of Western European corporations. *Journal of Financial Economics*, 2002, 65 (3): 365 ~395.

[89] McNihols, M. , Wilson, G. P. Evidence of earnings management from the provision for bad debts. *Journal of Accounting Research*, 1988, 26 (Supplement): 1 ~31.

[90] Messod D. Beneish. Detecting GAAP violation: impl cations for assessing earnings management among firms with extreme financial performance. *Journal of Accounting and Public Policy*, 1997, 16 (3): 271 ~309.

[91] Molz, R. Managerial domination of boards of directors and financial performance. *Journal of Business Research*, 1988, 16: 235 ~249.

[92] Monks, R. , Minow, N. Corporate Governance. Blackwell, etl. Management ownership and market valuation: An empirical analysis. *Journal of Financial Economics*, 1995, 20: 293 ~315.

[93] Park, Yun W. and Hyun - Han Shin. Board Composition and Earnings Management in Canada. Journal of Corporate Finance, 2004, 10: 431 ~457.

[94] Patricia M. Dechow Accounting earnings and cash flows as measures of firm performance: The role of accounting accruals. *Journal of Accounting and Economics*, 1994, 18 (1): 3 ~ 42.

[95] Peasnell K. V. , Pope P. F. and Young S. . Board monitoring and earnings management: Do outside directors influence abnormal accruals? Lancaster University, *Working Paper*, 2000.

[96] Penalva, F. Loss reserves and accounting discretion in the property-casualty insurance industry. *Working papers*, University of California at Berkeley, 1998.

Petroni, K. R. Optimistic reporting in the property casualty insurance industry. Journal of Accounting and Economics, 1992, 15: 485 ~ 508.

[97] Qiao Liu, Zhou Lu. Corporate Governance and Earnings Management in The Chinese Listed Companies: A Tunneling Perspective. *Journal of Corporate Finance*, 2007, (13): 881 ~ 906.

[98] Ronald C. Anderson, John M. Bizjak. An empirical examination of the role of the CEO and the compensation committee in structuring executive pay. *Journal of Banking & Finance*, 2003, 27 (7): 1323 ~ 1348.

[99] S. Rangan. Earnings management and the performance of seasoned equity offerings. *Journal of Financial Economics*, 1998, 50: 101 ~ 122.

[100] Schipper K. Commentary on Earnings Management. Accounting Horizons, 1989, 3 (4): 91 ~ 102.

[101] Sharon A. Lobel, Robert E. Quinn, Lynda St. Clair, Andrea Warfield. Managerial ownership, accounting choices, and

informativeness of earnings Organizational Dynamics, 23 (1), 1994: 5 ~ 16.

[102] Shieiefr. A. Vishny. R. W. A survey of coproarte governance. *Jounral of Finnace*, 1997, 52: 737 ~ 783.

[103] Shleifer, A., Vishny, R. A survey of corporate governance. *Journal of Finance*, 1997, 52: 737 ~ 783.

[104] Soon Suk Yoon, Gary Miller. Earnings management of seasoned equity offering firms in Korea. *The International Journal of Accounting*, 2002, 37 (1): 57 ~ 78.

[105] Srinivasan Rangan. Earnings management and the performance of seasoned equity offerings. *Journal of Financial Economics*, 1998, 50 (1): 101 ~ 122.

[106] Teoh, Siew Hong, Welch, Ivo, Wong, T. J. Earnings management and long – term market performance of initial public offering. *Journal of Finance*, 1998b, 12: 1935 ~ 1974.

[107] Teoh, Siew Hong, Welch, Ivo, Wong, T. J. Earnings management and long – term market performance of initial public offering. *Journal of Finance*, 1998a, 6: 915 ~ 972.

[108] Teoh, Siew Hong, Wong, T. J. Are accruals during initial public offerings opportunistic. *Review of Accounting Studies*, 1998, 3: 175 ~ 208.

[109] Terry D. Warfield, John J. Wild, Kenneth L. Wild Managerial ownership, accounting choices, and informativeness of earnings. *Journal of Accounting and Economics*, 1995, 20 (1): 61 ~ 91.

[110] Vafeas N. Board structure and the informativeness of Earnin. *Journal of Accounting and Public Policy*, 2000, 19: 139 ~

160.

[111] Vafeas, Nikos. Board Meeting Frequency and Firm Performance. *Journal of Financial Economics*, 1999, 53: 113 ~ 142.

[112] Watts, Jerold L. Jerold L. Zimmerman Financial performance surrounding CEO turnover. *Journal of Accounting and Economics*, 1993, 16 (1 - 3): 273 ~ 315.

[113] Watts, R. L., J. L. Zimmerman. Positive Accounting Theory - A Ten Year Perspective. *The Accounting Review*, 1990, 65: 131 ~ 156.

[114] Watts, Ross L. Jerold L. Zimmerman. *Positive Accounting Theory*. Englewood Cliffs, Prentice Hall. 1986.

[115] Weisbach, M. S.. Outside Director and CEO Turnover. *Journal of Financial Economics*, 1988, 20: 431 ~ 460.

[116] William R. Scott. *Financial Accounting Theory* [M]. Englewood Cliffs: Prentice Hall, 1997.

[117] Xiaonian Xu, Yan Wang. Ownership structure and corporate governance in Chinese stock companies. *China Economic Review*, 1999, 10 (1): 75 ~ 98.

[118] Xie, Biao, Wallace N. Davidson III, Peter J. DaDalt. Earnings Management and Corporate Governance: The Role of the Board andthe Audit Committee. *Journal of Corporate Finance*, 2003, 9: 295 ~ 316.

[119] Yermack. D. Higher Valuation of Companies with a Small Board of Directors. *Journal of Financial Economics*, 1996, 40: 185 ~ 212.

[120] Yuan Ding, Ole - Kristian Hope, Thomas Jeanjean,

Hervé Stolowy, Differences between domestic accounting standards and IAS: Measurement, determinants and implications *Journal of Accounting and Public Policy*, 2007, 26 (1) : 1 ~ 38.

[121] Zabihollah Rezaee, Causes, consequences, and deterence of financial statement fraud Control Perspectives on Accounting, 2005, 16 (3): 277 ~ 298.